3

徳川秀忠《とくがわひでただ》

人《ひと》の失敗《しっぱい》を見《み》ても、笑《わら》ったり、責《せ》めたりしない優《やさ》しさ

4

富山《とやま》のくすり屋《や》さん

困《こま》っている人《ひと》に、親切《しんせつ》を

5

リンカーン

「ごめんなさい」と言《い》える人《ひと》は、信頼《しんらい》される

マンガ 歴史人物に学ぶ
大人になるまでに身につけたい
大切な心

1

原作 木村 耕一
まんが 太田 寿

1万年堂出版

マンガ 歴史人物《れきしじんぶつ》に学ぶ
大人《おとな》になるまでに身《み》につけたい大切《たいせつ》な心《こころ》①

もくじ

第《だい》1話《わ》

約束《やくそく》のホームラン

ベーブ・ルースは
球場《きゅうじょう》の外《そと》でも、
子供《こども》たちに
夢《ゆめ》を与《あた》えていた

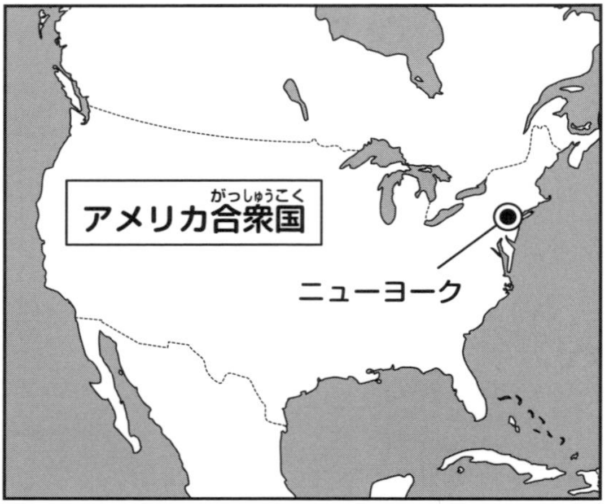

ベーブ・ルース
（1895年生-1948年没）

人物紹介《じんぶつしょうかい》 ベーブ・ルース

ベーブ・ルースは、アメリカで、最《もっと》も有名《ゆうめい》な野球選《やきゅうせん》手《しゅ》の一人《ひとり》です。幼《おさな》い時《とき》は、両親《りょうしん》の手《て》に負《お》えないほどわんぱくでした。学校《がっこう》をさぼったり、万引《まんび》きをしたり……と、非行《ひこう》にも走《はし》りました。

しかし、学校《がっこう》で、尊敬《そんけい》する先生《せんせい》に出会《であ》い、野球《やきゅう》を教《おそ》わってから生《う》まれ変《か》わります。一生懸命《いっしょうけんめい》に努力《どりょく》した結果《けっか》、十九歳《じゅうきゅうさい》で、プロ野球選手《やきゅうせんしゅ》になることができました。ボストン・レッドソックスに投手《とうしゅ》として入団《にゅうだん》。その五年後《ごねんご》にニューヨーク・ヤンキースへ移籍《いせき》すると、ホームランバッターとして才能《さいのう》が開花《かいか》します。一九二七年《ねん》には、一《いち》シーズン六十本《ろくじっぽん》もホームランを打《う》つ大記録《だいきろく》を達成《たっせい》しました。一九三五年《ねん》に引退《いんたい》するまでに、通算七百十四本《つうさんななひゃくじゅうよんほん》ものホームランを打《う》ったのです。この世界一《せかいいち》の記録《きろく》は、それから三十九年間《さんじゅうきゅうねんかん》も破《やぶ》られることはありませんでした。

＊ニュージャージー州《しゅう》……アメリカ東部《とうぶ》の大西洋沿岸《たいせいようえんがん》にある州《しゅう》。

打《う》ったーっ!!
これは大《おお》きい!
ガキッ
ワァァァァ
入《はい》った、サヨナラ
ホームランだ!
アメリカの野球史上《やきゅうしじょう》、
最《もっと》も有名《ゆうめい》な選手《せんしゅ》は

一九二〇年代《ねんだい》に、ニューヨーク・ヤンキースで大活躍《だいかつやく》したベーブ・ルースです
引退《いんたい》するまでに、通算七百十四本《つうさんななひゃくじゅうよんほん》ものホームランを打《う》っています
この世界記録《せかいきろく》は、その後《ご》、三十九年間《さんじゅうきゅうねんかん》も破《やぶ》られることはありませんでした
ベーブ・ルースには、子供《こども》たちを元気《げんき》づけたエピソードが数多《かずおお》く残《のこ》っています
中《なか》でも「約束《やくそく》のホームラン」が有名《ゆうめい》です

豆知識 北《きた》アメリカのプロ野球《やきゅう》は、アメリカン・リーグとナショナル・リーグの二《ふた》つに分《わ》かれています。ニューヨーク・ヤンキースはアメリカン・リーグに所属《しょぞく》している有名《ゆうめい》なチームです。

＊ワールドシリーズ……アメリカン・リーグとナショナル・リーグの優勝《ゆうしょう》チーム同士《どうし》が戦《たたか》って王座《おうざ》を決《き》める試合《しあい》。

医者《いしゃ》から、もう手《て》の尽《つ》くしようがないと言《い》われました……
息子《むすこ》の唯一《ゆいいつ》の明《あ》かりは、あなたの活躍《かつやく》をラジオで聴《き》くことなのです
あなたの新聞記事《しんぶんきじ》は、全《すべ》て切《き》り取《と》っている大《だい》ファンです
そんな息子《むすこ》に、サインボールをお願《ねが》いできないでしょうか
そんなことは無理《むり》だと、父親《ちちおや》は分《わ》かっていました。でも、わが子《こ》を元気《げんき》づけたい一心《いっしん》で電話《でんわ》したのです
OK《オーケー》、では、今日《きょう》の午後《ごご》、ジョニーの所《ところ》へ行《い》きましょう

えっ？
えええっ!!
あ、明日《あす》から大事《だいじ》な試合《しあい》があるのでは……
だいじょうぶだ
父親《ちちおや》は驚《おどろ》きました
ニューヨークからニュージャージー州《しゅう》の病院《びょういん》までは片道三時間《かたみちさんじかん》もかかります
それでも、約束《やくそく》どおり、ベーブ・ルースは来《き》てくれたのです
やあ、ジョニー。気分《きぶん》はどうだい

ルース!!
ありえないことが起《お》きたのです
写真《しゃしん》でしか見《み》たことのないスーパースターが、今《いま》、自分《じぶん》の目《め》の前《まえ》にいるのです
しかも、ベーブ・ルースが、バット、グラブ、ボールをプレゼントしてくれました
これで友達《ともだち》と野球《やきゅう》ができるようになってね。一日《いちにち》も早《はや》く、自分《じぶん》の足《あし》で立《た》てるようになることを願《ねが》っているよ

何《なに》か、してほしいことはないかい？
……
ワールドシリーズで、僕《ぼく》のためにホームランを打《う》ってください
よし、分《わ》かった。君《きみ》のために特大《とくだい》のホームランを打《う》ってやるよ
うははは

そのかわり、君《きみ》も元気《げんき》を出《だ》してね。
病気《びょうき》なんかに負《ま》けるんじゃないぞ
これは約束《やくそく》だ！
ガッ

大《おお》きい! これは ホームランだ〜!
やった!
翌日《よくじつ》、ベーブ・ルースは、約束《やくそく》を守《まも》って、ライトスタンドへホームランをたたき込《こ》みました
ラジオを聴《き》いていたジョニーは、飛《と》び上《あ》がりそうなほどに、喜《よろこ》びました
ルースは、僕《ぼく》との約束《やくそく》を守《まも》ってくれたんだ。今度《こんど》は、僕《ぼく》が病気《びょうき》に勝《か》たなくっちゃ!
絶望感《ぜつぼうかん》しかなかったジョニーの心《こころ》に、希望《きぼう》がわいてきたのです

ベーブ・ルースは、ワールドシリーズで四本《よんほん》もホームランを打《う》ちました
彼《かれ》が打《う》ったボールがスタンドへ飛《と》び込《こ》むたびに、ジョニーの体《からだ》に力《ちから》がみなぎってきたのです
「よし、やるぞ!」と、心《こころ》が前向《まえむ》きに変《か》わると、ジョニーの体《からだ》は、みるみるよくなっていきました
立《た》って歩《ある》けるようになり
やがて、完全《かんぜん》に病《やまい》を克服《こくふく》したのです

豆知識 この話《はなし》は「ジョニー・シルベスターの奇跡《きせき》」として広《ひろ》く知《し》られるようになり、ベーブ・ルースも自伝《じでん》に書《か》き残《のこ》しています。

優《やさ》しい言葉《ことば》や、励《はげ》ましの言葉《ことば》には大《おお》きな力《ちから》があります
相手《あいて》に生《い》きる勇気《ゆうき》を与《あた》えるだけでなく、命《いのち》を救《すく》うこともあるのです

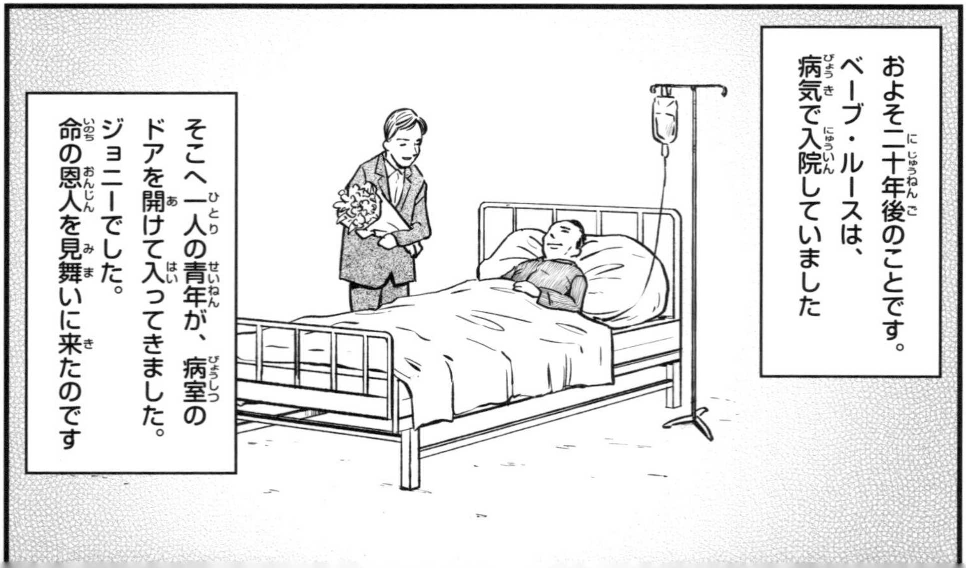
およそ二十年後《にじゅうねんご》のことです。ベーブ・ルースは、病気《びょうき》で入院《にゅういん》していました
そこへ一人《ひとり》の青年《せいねん》が、病室《びょうしつ》のドアを開《あ》けて入《はい》ってきました。ジョニーでした。命《いのち》の恩人《おんじん》を見舞《みま》いに来《き》たのです

大《たい》切《せつ》な心《こころ》

優《やさ》しい言葉《ことば》には、相手《あいて》を元気《げんき》にする力《ちから》がある

言葉《ことば》には、とても強《つよ》い力《ちから》があります。

悪口《わるくち》や、ひどい言葉《ことば》は、「語殺《ごさつ》」ともいわれて、刃物《はもの》で傷《きず》つけたのと同《おな》じくらい相手《あいて》の心《こころ》に突《つ》き刺《さ》さります。

逆《ぎゃく》に、相手《あいて》を思《おも》いやる優《やさ》しい言葉《ことば》や、励《はげ》ましの言葉《ことば》には、ベーブ・ルースと少年《しょうねん》のエピソードのように、難病《なんびょう》でさえ克服《こくふく》させてしまうほどの力《ちから》があるのです。

「がんばっているね！」「ありがとう！」「うれしい！」などと、友達《ともだち》や家族《かぞく》に、何気《なにげ》なく言《い》う優《やさ》しい言葉《ことば》には、とても大《おお》きなパワーが秘《ひ》められています。

そしてその言葉《ことば》は、そのまま自分《じぶん》の心《こころ》をも明《あか》るくしてくれるのです。

自分《じぶん》も、みんなも幸《しあわ》せになれる、そんな優《やさ》しい言葉《ことば》を使《つか》っていきたいですね。

ものしりアルバム

（アマナイメージズ）

ベーブルースの背番号《せばんごう》「3」は、ニューヨーク・ヤンキースの永久欠番《えいきゅうけつばん》になっています。写真《しゃしん》は、ヤンキースタジアムで行《おこな》われた引退《いんたい》セレモニー。

ベーブ・ルース

（アマナイメージズ）

ベーブ・ルースはファンの子供《こども》たちの求《もと》めに応《おう》じて、気軽《きがる》にサインしたり、声《こえ》をかけたりしていました。

第《だい》2話《わ》

日《にっ》本《ぽん》一《いち》になった秀吉《ひでよし》

豊臣秀吉《とよとみひでよし》は、
どんな仕事《しごと》にも、
イヤな顔《かお》をしなかった

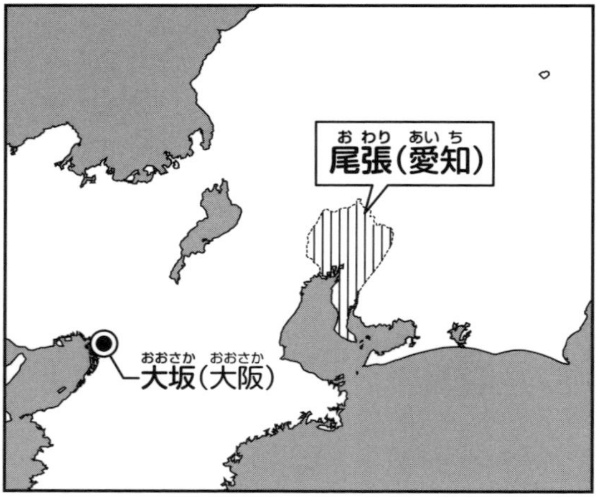

豊臣秀吉《とよとみひでよし》
（1537年生-1598年没）

人物紹介《じんぶつしょうかい》

豊臣 秀吉（とよとみ ひでよし）

日本《にほん》の歴史上《れきしじょう》、最《もっと》も出世《しゅっせ》した男《おとこ》が「豊臣秀吉《とよとみひでよし》」です。秀吉《ひでよし》は、尾張《おわり》（現在《げんざい》の愛知県《あいちけん》）の貧《まず》しい農家《のうか》に生《う》まれました。十七歳頃《じゅうななさいごろ》に戦国大名《せんごくだいみょう》・織田信長《おだのぶなが》に仕《つか》え、「木下《きのした》藤吉郎《とうきちろう》」と名乗《なの》ったのです。

藤吉郎《とうきちろう》は、周《まわ》りから「サル」と呼《よ》ばれ、バカにされてもくじけませんでした。何事《なにごと》にも一生懸命《いっしょうけんめい》に努力《どりょく》します。そんな姿《すがた》が主人《しゅじん》に認《みと》められて、次第《しだい》に出世《しゅっせ》していきます。やがて織田家《おだけ》の有力《ゆうりょく》な武将《ぶしょう》となり、名前《なまえ》を「羽柴秀吉《はしばひでよし》」に変更《へんこう》しました。

しかし織田信長《おだのぶなが》は、明智光秀《あけちみつひで》の謀反《むほん》にあい、本能寺《ほんのうじ》で殺《ころ》されてしまいます。秀吉《ひでよし》は、信長《のぶなが》の後《あと》を引《ひ》き継《つ》いで、各地《かくち》の武将《ぶしょう》を次々《つぎつぎ》に従《したが》わせ、天正十八年《てんしょうじゅうはちねん》（一五九〇）、ついに全国《ぜんこく》を統一《とういつ》しました。日本《にほん》でトップクラスの地位《ちい》を手《て》に入《い》れ、「豊臣秀吉《とよとみひでよし》」と名《な》を改《あらた》めたのです。

ワァァァ
今《いま》から四《し》、五百年前《ごひゃくねんまえ》、戦国大名《せんごくだいみょう》が、各地《かくち》で争《あらそ》っていました

戦《たたか》いに勝利《しょうり》し、日本《にほん》を統一《とういつ》したのが豊臣秀吉《とよとみひでよし》でした

ある日《ひ》、家臣《かしん》が秀吉《ひでよし》に、成功《せいこう》の秘訣《ひけつ》を尋《たず》ねると……
ははは……秘訣《ひけつ》のう
秘訣《ひけつ》なんて、何《なに》もないさ
失敗《しっぱい》したことに、クヨクヨしない。
ただ、その日《ひ》、その日《ひ》に、やるべきことを一生懸命《いっしょうけんめい》にやってきただけだ
それだけですか……
当《あ》たり前《まえ》のことを、実行《じっこう》する人《ひと》が少《すく》ないから、秀吉《ひでよし》のように成功《せいこう》する人《ひと》が少《すく》ないのです

*尾張国《おわりのくに》……現在《げんざい》の愛知県西部《あいちけんせいぶ》。

*織田信長《おだのぶなが》……一五三四年生～一五八二年没。戦国時代《せんごくじだい》の武将《ぶしょう》で、尾張国《おわりのくに》から勢力《せいりょく》を伸《の》ばし、全国統一《ぜんこくとういつ》を目指《めざ》しました。

*石《こく》……昔《むかし》使《つか》われた体積《たいせき》の単位《たんい》。

＊猿《さる》……秀吉《ひでよし》のあだ名《な》。

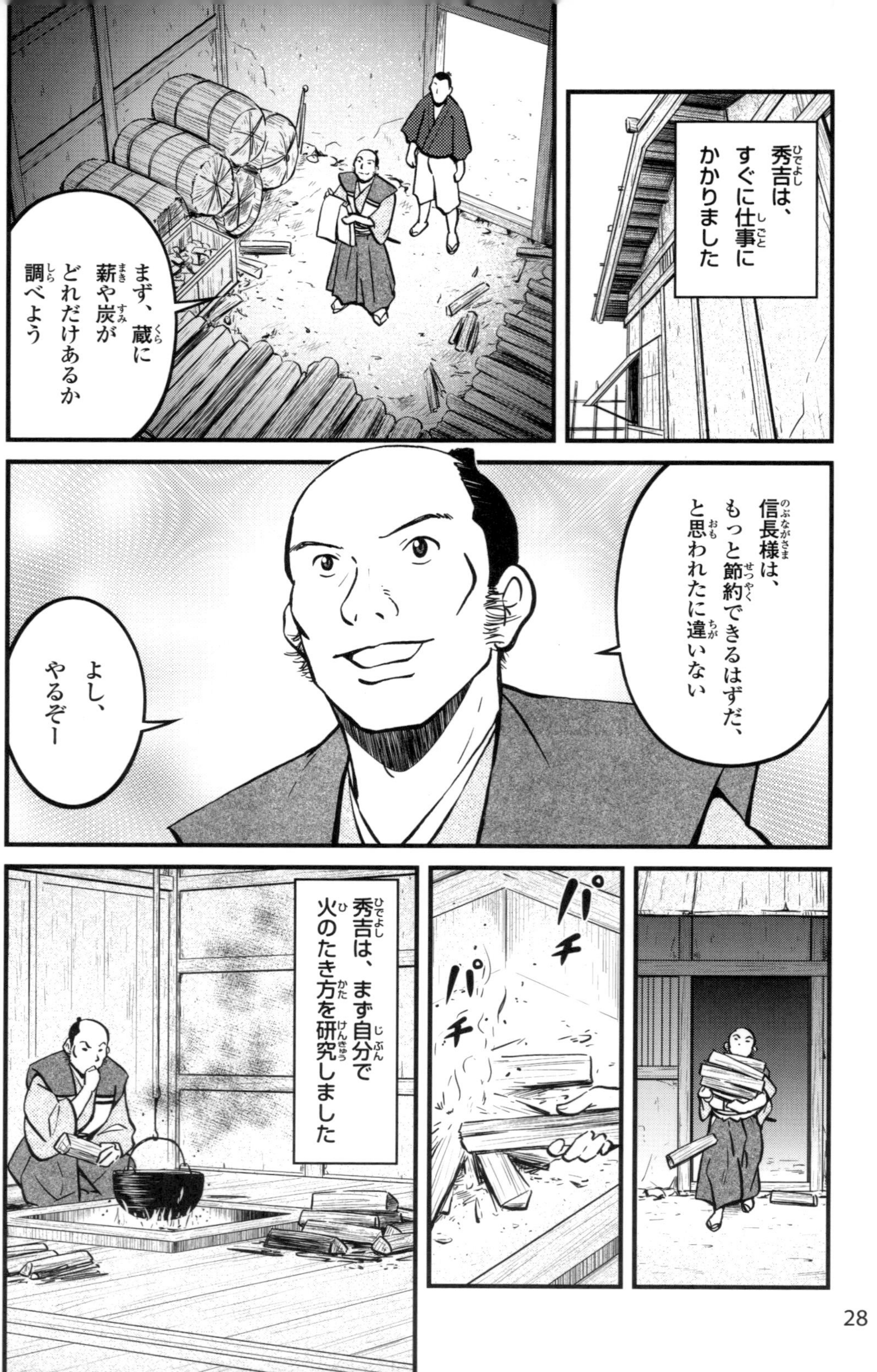
秀吉《ひでよし》は、すぐに仕事《しごと》にかかりました
まず、蔵《くら》に薪《まき》や炭《すみ》がどれだけあるか調《しら》べよう
信長様《のぶながさま》は、もっと節約《せつやく》できるはずだ、と思《おも》われたに違《ちが》いない
よし、やるぞー
パチ
パチ
秀吉《ひでよし》は、まず自分《じぶん》で火《ひ》のたき方《かた》を研究《けんきゅう》しました

そして、薪《まき》をムダにしない火《ひ》のたき方《かた》を教《おし》えて回《まわ》ったのです
何《なん》じゃ、また文句《もんく》を言《い》いにきたのか
いやいや、いつもお役目《やくめ》ご苦労様《くろうさま》です
そなた方《がた》のご奉公《ほうこう》、まことにごりっぱ！
殿《との》にもよくよく申《もう》し上《あ》げておきましょうぞ
そ、そうか
それでのう、このようにすれば、薪《まき》の量《りょう》を減《へ》らすことができますぞ

おお、なるほど
よろしくお願《ねが》いしますぞ
蔵《くら》の在庫管理《ざいこかんり》も徹底《てってい》してやろう
村《むら》から薪《まき》を調達《ちょうたつ》する方法《ほうほう》も、改善《かいぜん》できるはずじゃ
ちょっと出掛《でか》けてくるぞ
また村《むら》へ行《い》くのですか？
たかが薪《まき》のことで、何《なに》を一生懸命《いっしょうけんめい》になっておるのじゃ

こうして、一年間《いちねんかん》の薪《まき》や
炭《すみ》にかかるお金《かね》が、
三分《さんぶん》の一《いち》に減《へ》ったのです
信長《のぶなが》も上機嫌《じょうきげん》でした
はははは
おまえに薪奉行《まきぶぎょう》を命《めい》じたのは、足《あし》の速《はや》い馬《うま》に、重《おも》い荷車《にぐるま》を引《ひ》かせたようなものだったな
明日《あす》から、もっと重要《じゅうよう》な仕事《しごと》を任《まか》せよう
秀吉《ひでよし》は、大《おお》きな信用《しんよう》を得《え》たのです

秀吉《ひでよし》の心構《こころがま》えを示《しめ》す
エピソードがあります
ある日《ひ》、秀吉《ひでよし》の家《いえ》に
友達《ともだち》が集《あつ》まりました
男《おとこ》たちは、酒《さけ》を酌《く》み交《か》わし、
将来《しょうらい》の夢《ゆめ》を語《かた》り始《はじ》めます
わしは一国一城《いっこくいちじょう》の主《あるじ》になってみせるぞ
いや、百万石《ひゃくまんごく》の大名《だいみょう》じゃ
男《おとこ》と生《う》まれたからには、天下《てんか》を取《と》ってみたい！
グイ
皆《みな》で、大《おお》きなことを言《い》って、盛《も》り上《あ》がっていました
わははは

秀吉《ひでよし》、そなたはどうじゃ
俺《おれ》は信長様《のぶながさま》にお仕《つか》えし、苦労《くろう》に苦労《くろう》を重《かさ》ね、今《いま》、ようやく三百石《さんびゃっこく》の俸禄《ほうろく》＊を頂《いただ》く身《み》になった
あと三百石《さんびゃっこく》、加算《かさん》してもらえるよう、がんばりたい
……
わははは
おい、男《おとこ》なら、もっとでっかい希望《きぼう》を持《も》ったらどうだ
バシ
おっとっと

＊俸禄《ほうろく》……現代《げんだい》でいう給料《きゅうりょう》のこと。

夢《ゆめ》を持《も》つことは大切《たいせつ》だ
だが、そんな簡単《かんたん》に夢《ゆめ》が実現《じつげん》するはずがない
目的《もくてき》が大《おお》きければ大《おお》きいほど、よく計画《けいかく》を立《た》て準備《じゅんび》していかなければならない
だから、まず、ちょっとがんばれば達成《たっせい》できる目標《もくひょう》を立《た》てて、全力《ぜんりょく》を尽《つ》くすのだ
やるべきことがハッキリしているから、昼《ひる》も夜《よる》も、全力《ぜんりょく》で没頭《ぼっとう》できる

一《ひと》つの目標《もくひょう》を達成《たっせい》したら、また、次《つぎ》の目標《もくひょう》に集中《しゅうちゅう》していく
一《ひと》つ一《ひと》つ、着実《ちゃくじつ》に積《つ》み重《かさ》ねていけば、予想以上《よそういじょう》の結果《けっか》が得《え》られるはずだ
……
やりたくない仕事《しごと》を与《あた》えられると、ついつい不平《ふへい》、不満《ふまん》の心《こころ》がわいてきます
「つまらない」「なんでこんなことを」と、心《こころ》の中《なか》でブツブツ言《い》いながら仕事《しごと》をしていても、成果《せいか》が上《あ》がるはずがありません

まして、不平《ふへい》や不満《ふまん》が顔《かお》や態度《たいど》に表《あらわ》れると、周《まわ》りの人《ひと》たちに嫌《いや》な気持《きも》ちを与《あた》えます。自分《じぶん》も、皆《みな》から信頼《しんらい》されないようになります。よいことは一《ひと》つもありません

秀吉《ひでよし》は、どんな役目《やくめ》を命《めい》じられても、全力投球《ぜんりょくとうきゅう》したからこそ、次々《つぎつぎ》に出世《しゅっせ》して、日本《にほん》のトップに立《た》つことができたのです

大《たい》切《せつ》な心《こころ》

イヤな顔《かお》をしたり、不平《ふへい》を言《い》ったりしない

秀吉《ひでよし》が若《わか》い時《とき》に任命《にんめい》された「薪奉行《まきぶぎょう》」は、学校《がっこう》に当《あ》てはめると、クラスの「係《かかり》」のようなものです。保健係《ほけんがかり》、図書《としょ》係《がかり》、生《い》き物係《ものがかり》、黒板係《こくばんがかり》、給食係《きゅうしょくがかり》、ゴミ箱係《ばこがかり》……など、いろいろな分担《ぶんたん》がありますね。

自分《じぶん》の嫌《きら》いな係《かかり》に当《あ》たった時《とき》は、どうしていますか。「イヤだな」と言《い》ったり、手《て》を抜《ぬ》いて簡単《かんたん》に済《す》ませたりすることはありませんか。トイレ掃除《そうじ》に当《あ》たると、「汚《きたな》い」「くさい」と思《おも》ってさぼったりしませんか。

どんな係《かかり》や役割《やくわり》になっても、それが学校《がっこう》やクラス、友達《ともだち》のためになることならば、イヤな顔《かお》をしたり、不平《ふへい》を言《い》ったりせずに、一生懸命《いっしょうけんめい》に取《と》り組《く》むことが大切《たいせつ》です。誰《だれ》も見《み》ていない時《とき》でも、手《て》を抜《ぬ》かずに努力《どりょく》していくと、やがて必《かなら》ずよい結果《けっか》となって、自分《じぶん》に返《かえ》ってきますよ。

ものしりアルバム

豊臣秀吉《とよとみひでよし》

清須城跡《きよすじょうあと》（愛知県清須市《あいちけんきよすし》）
若《わか》い頃《ころ》の織田信長《おだのぶなが》が拠点《きょてん》とした城《しろ》です。若《わか》き秀吉《ひでよし》もここで活躍《かつやく》しました。

大坂夏《おおさかなつ》の陣図屏風《じんずびょうぶ》
豊臣秀吉《とよとみひでよし》は大坂《おおさか》に巨大《きょだい》な城《しろ》を築《きず》き、天下統一《てんかとういつ》を果《は》たします。この「大坂夏《おおさかなつ》の陣図屏風《じんずびょうぶ》」には、秀吉時代《ひでよしじだい》の壮大《そうだい》な大坂城《おおさかじょう》の姿《すがた》が描《えが》かれています。（大阪城天守閣蔵）

第《だい》3話《わ》

失敗《しっぱい》を笑《わら》わなかった将軍《しょうぐん》

徳川秀忠《とくがわひでただ》は、タヌキ寝入《ねい》りで、人《ひと》の命《いのち》を救《すく》った

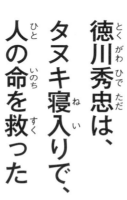

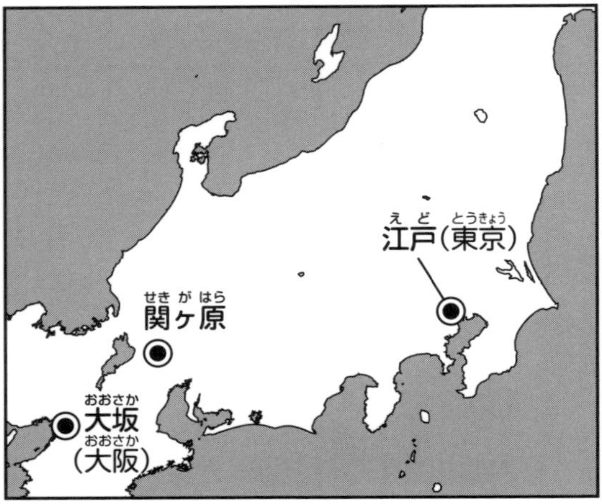

徳川秀忠《とくがわひでただ》

(1579年生-1632年没)

人物紹介

人物紹介《じんぶつしょうかい》　徳川　秀忠（とくがわ　ひでただ）

約四百年前《やくよんひゃくねんまえ》、徳川家康《とくがわいえやす》は、現在《げんざい》の東京《とうきょう》を武家政治《ぶけせいじ》の中心地《ちゅうしんち》と定《さだ》めて、江戸幕府《えどばくふ》を開《ひら》きました。その徳川家康《とくがわいえやす》の三男《さんなん》として生《う》まれたのが秀忠《ひでただ》です。

秀忠《ひでただ》には、遅刻《ちこく》して大失敗《だいしっぱい》した経験《けいけん》があります。それは、天下分《てんかわ》け目《め》の戦《たたか》いとして有名《ゆうめい》な「関ヶ原《せきがはら》の合戦《かっせん》」でのことでした。秀忠《ひでただ》は大軍《たいぐん》を率《ひき》いて、関東《かんとう》から大坂《おおさか》（大阪《おおさか》）を目指《めざ》して出発《しゅっぱつ》しましたが、途中《とちゅう》でトラブルがあり、合戦《かっせん》が始《はじ》まるまでに到着《とうちゃく》できなかったのです。父《ちち》・家康《いえやす》は激怒《げきど》しました。周囲《しゅうい》からも「無能《むのう》」とバカにされます。

しかし秀忠《ひでただ》は、つらい思《おも》いに耐《た》えながら、努力《どりょく》を続《つづ》け、江戸幕府《えどばくふ》の二代将軍《にだいしょうぐん》になりました。

秀忠《ひでただ》は、叱《しか》られる立場《たちば》の悲《かな》しさ、つらさを知《し》っていたからこそ、家臣《かしん》の失敗《しっぱい》にも、思《おも》いやりを示《しめ》すことができたといわれています。

今《いま》から四百年前《よんひゃくねんまえ》、江戸幕府《えどばくふ》が成立《せいりつ》しました
その頂点《ちょうてん》に立《た》つのが、将軍《しょうぐん》です
二代将軍《にだいしょうぐん》・徳川秀忠《とくがわひでただ》の「居眠《いねむ》り」が人《ひと》の命《いのち》を救《すく》ったという記録《きろく》が残《のこ》されています
ドド
ドド

今日《きょう》の狩《か》りは大収穫《だいしゅうかく》でございましたな
早速《さっそく》、殿《との》が仕留《しと》めた鶴《つる》を料理《りょうり》させましょうぞ
おお、それならば野間《のま》を呼《よ》べ
野間《のま》は不器用《ぶきよう》で目立《めだ》たない男《おとこ》だが、とても律儀《りちぎ》で、黙々《もくもく》と役目《やくめ》を果《は》たしておる
野間《のま》に厚《あつ》い信頼《しんらい》を置《お》いておられますな、殿《との》は
日頃《ひごろ》の働《はたら》きの褒美《ほうび》に、鶴《つる》の吸《す》い物《もの》を与《あた》えようぞ
かしこまりました

野間《のま》にとっては、大変名誉《たいへんめいよ》なことです
しかし、将軍《しょうぐん》の前《まえ》へ出《で》た時《とき》から、緊張《きんちょう》して、体《からだ》がカチンカチンになっていました
カチ
カチ
野間《のま》、もそっと気《き》を楽《らく》にせぬか
あいつ、だいじょうぶか……？
ゆっくりと味《あじ》わえるような精神状態《せいしんじょうたい》ではないのう……

さあ、遠慮《えんりょ》しないで食《た》べるがよい
は……
ははっ！
ガシャ
あ、熱《あつ》っ!!
ば、ばか者《もの》！高《たか》く上《あ》げすぎじゃ

殿《との》の目前《もくぜん》でこんな失態《しったい》を……
どう責任《せきにん》をとるつもりか……
ぐう…

お、おい
周囲《しゅうい》の人たちが機転《きてん》を利《き》かせて、将軍《しょうぐん》が寝《ね》ている間《あいだ》に台所《だいどころ》から別《べつ》のお椀《わん》を運《はこ》んできたのです
どうぞ、ごゆっくり……
……ああ、ついうとうととしてしまった
日頃《ひごろ》の疲《つか》れが出《で》たのかのう……

おう、そうであった……どうじゃ、野間《のま》。吸《す》い物《もの》の味《あじ》は？
その鶴《つる》は、わしが狩《か》りで取《と》ってきた鶴《つる》だぞ
野間《のま》は、まじめな男《おとこ》なので、この失敗《しっぱい》を注意《ちゅうい》すると、責任《せきにん》を感《かん》じて切腹《せっぷく》するだろうと、秀忠《ひでただ》は感《かん》じました。そのため、わざと居眠《いねむ》りをして、何《なに》も知《し》らないふりをしたのです
はっ、殊《こと》のほか……
野間《のま》は平伏《へいふく》しながら、主君《しゅくん》の思《おも》いやりを肌《はだ》で感《かん》じ、男泣《おとこな》きに、泣《な》いていました

将軍《しょうぐん》・秀忠《ひでただ》の気持《きも》ちを察《さっ》して、
そっと吸《す》い物《もの》を交換《こうかん》し、
野間《のま》の失敗《しっぱい》をかばった人《ひと》たちの
優《やさ》しさも心《こころ》にしみます

身分《みぶん》の差《さ》がやかましい
時代《じだい》にさえ、
こんな温《あたた》かいエピソードが
あったのです
友人《ゆうじん》や知人《ちじん》の失敗《しっぱい》を見《み》て、
笑《わら》ったり、あざけったりする
ことなく、温《あたた》かい人間関係《にんげんかんけい》を
築《きず》いていきましょう

大《たい》切《せつ》な心《こころ》

人《ひと》の失敗《しっぱい》を見《み》ても、笑《わら》ったり、責《せ》めたりしない優《やさ》しさ

人間《にんげん》は、誰《だれ》でも失敗《しっぱい》することがあります。何《なん》でも完璧《かんぺき》にできる人《ひと》は、一人《ひとり》もいません。

失敗《しっぱい》した時《とき》に、「恥《は》ずかしいなあ」「困《こま》ったなあ」と、つらく、悲《かな》しい思《おも》いをしているのは、周《まわ》りの人《ひと》ではなく、本《ほん》人《にん》なのです。その気持《きも》ちを受《う》け止《と》め、優《やさ》しく励《はげ》まし合《あ》えることができたら、とても明《あか》るい社会《しゃかい》になりますね。

失敗《しっぱい》を、くすくす笑《わら》われたり、「何《なん》ということをするんだ」と責《せ》められたり、「ざまあみろ！」とあざけられたりすると、その人《ひと》の心《こころ》の傷《きず》は、ますます深《ふか》く、大《おお》きくなります。

人《ひと》をいじめている人《ひと》は、いつか必《かなら》ず、自分《じぶん》も同《おな》じような苦《くる》しみを受《う》けるでしょう。昔《むかし》から「まかぬタネは生《は》えぬ」「因果応報《いんがおうほう》」と戒《いまし》められているとおりです。全《すべ》ての人《ひと》に、思《おも》いやりを持《も》って接《せっ》することが大切《たいせつ》なのです。

徳川秀忠《とくがわひでただ》

ものしりアルバム

かつての江戸城《えどじょう》をとりまく広大《こうだい》な堀《ほり》や石垣《いしがき》が東京《とうきょう》の中心部《ちゅうしんぶ》に残《のこ》されています。

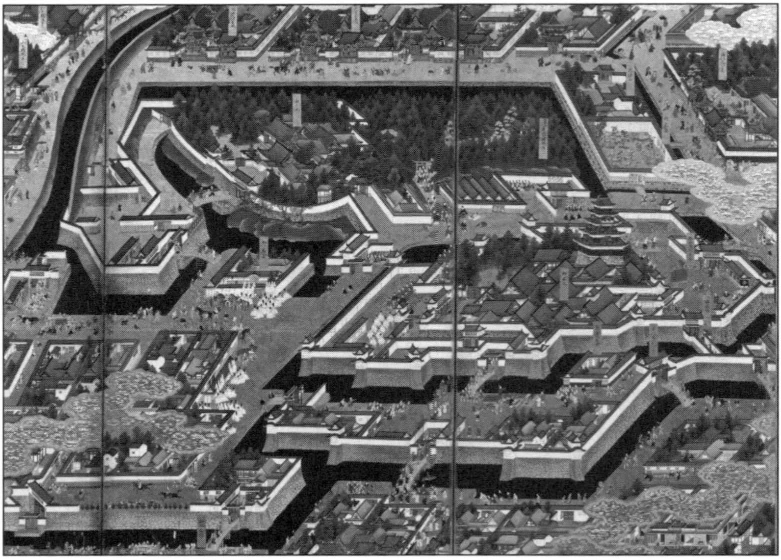

「江戸図屏風《えどずびょうぶ》」に描《えが》かれた江戸城《えどじょう》。本丸《ほんまる》には５層《そう》６階《かい》建《だ》ての天守閣《てんしゅかく》があったことが分《わ》かります。 （国立歴史民俗博物館蔵）

第《だい》4話《わ》

幸《しあわ》せ運《はこ》ぶ、くすり屋《や》さん

富山《とやま》から全国《ぜんこく》へ。三百年《さんびゃくねん》も続《つづ》く助《たす》け合《あ》いの精神《せいしん》

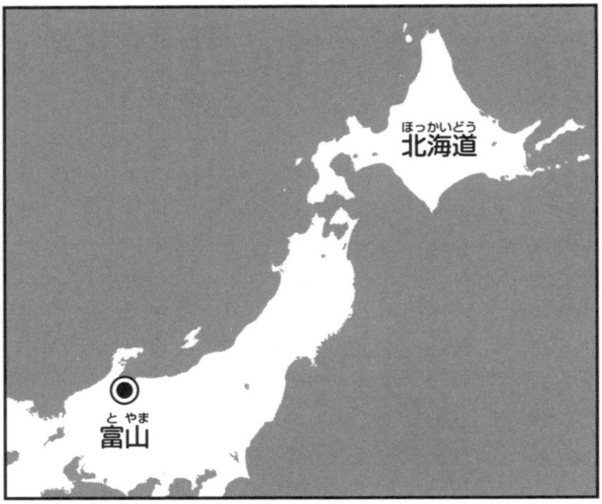

富山《とやま》のくすり屋《や》さん

人物紹介《じんぶつしょうかい》

富山《とやま》のくすり屋《や》さん

北陸新幹線《ほくりくしんかんせん》の富山駅前《とやまえきまえ》に、「くすり屋《や》さん」の銅像《どうぞう》があります。大《おお》きな籠《かご》を背負《せお》って歩《ある》く男性《だんせい》の姿《すがた》……。籠《かご》の中《なか》には、風邪《かぜ》や頭痛《ずつう》、腹痛《ふくつう》、下痢《げり》などに効《き》く薬《くすり》が、たくさん入《はい》っていました。

手《て》には大《おお》きな雨傘《あまがさ》。富山《とやま》を出発《しゅっぱつ》したくすり屋《や》さんは、どんな悪天候《あくてんこう》にも負《ま》けず、日本全国《にほんぜんこく》を訪問《ほうもん》し、薬《くすり》を届《とど》けていたのです。

今《いま》ならば、ほとんどの町《まち》に病院《びょういん》や薬局《やっきょく》があります。コンビニでも、風邪薬《かぜぐすり》が買《か》える便利《べんり》な世《よ》の中《なか》になりました。しかし昔《むかし》は、簡単《かんたん》に薬《くすり》を買《か》うことができなかったのです。富山《とやま》から、くすり屋《や》さんが来《き》てくれると、どんなに安心《あんしん》したことでしょう。

このような「富山売薬《とやまばいやく》」といわれる行商《ぎょうしょう》は、今《いま》から三《さん》百年《びゃくねん》も前《まえ》の江戸時代《えどじだい》に始《はじ》まったものでした。

「富山《とやま》」といえば
「くすり屋《や》さん」「富山売薬《とやまばいやく》」
といわれるほど、
全国《ぜんこく》に知《し》られています

昔《むかし》の子供《こども》たちにとっては、
くすり屋《や》さんがプレゼントしてくれる
紙風船《かみふうせん》で遊《あそ》ぶことが楽《たの》しみでした

富山《とやま》のくすり屋《や》さんには、三百年以上《さんびゃくねんいじょう》の歴史《れきし》があります
江戸時代《えどじだい》から、全国《ぜんこく》の津々浦々《つつうらうら》を歩《ある》いて回《まわ》り、薬《くすり》を届《とど》けてきました
そのきっかけとなったのは、江戸城《えどじょう》*で起《お》きた小《ちい》さな事件《じけん》だったといわれています
元禄三年《げんろくさんねん》（一六九〇）
三春《みはる》（福島県《ふくしまけん》）の藩主《はんしゅ》*が、突然《とつぜん》、激《はげ》しい腹痛《ふくつう》に苦《くる》しみだしたのです
うぐぐ……

＊江戸城《えどじょう》……江戸幕府《えどばくふ》の中心《ちゅうしん》となった城《しろ》。現在《げんざい》の東京《とうきょう》にある。

＊三春《みはる》の藩主《はんしゅ》……秋田輝季《あきたてるすえ》（一六四九年生～一七一五年没）。

＊藩主《はんしゅ》……藩《はん》の領主《りょうしゅ》。現在《げんざい》の都道府県知事《とどうふけんちじ》に当《あ》たる。

そばにいた
富山藩主《とやまはんしゅ》
前田正甫《まえだまさとし》*が
お気《き》を
確《たし》かに
ササッ
ささ、この丸薬《がんやく》を
のまれるとよい
……か、
かたじけない……
……おお
痛《いた》みが
治《おさ》まったぞ……
ザワ
ザワ

*前田正甫《まえだまさとし》……一六四九年生〜一七〇六年没。

豆知識 もともと前田正甫《まえだまさとし》は持病《じびょう》があり、それが縁《えん》で薬《くすり》に大変関心《たいへんかんしん》を持《も》ち、自分《じぶん》で薬《くすり》を研究《けんきゅう》するほどだったといわれています。

薬《くすり》の行商人《ぎょうしょうにん》*が、富山《とやま》から日本全国《にほんぜんこく》へ足《あし》を運《はこ》ぶようになりました
富山
まずは、病《やまい》で苦《くる》しんでいる人《ひと》を救《すく》うことが第一《だいいち》
お金《かね》は後《あと》からもらえばいい
医者《いしゃ》のいない山奥《やまおく》の村《むら》にまで薬《くすり》を届《とど》けるのじゃ
この精神《せいしん》を「先用後利《せんようこうり》」といいます
「先《さき》に薬《くすり》を使《つか》ってもらい、後《あと》から代金《だいきん》を頂《いただ》く」という意味《いみ》です

*行商人《ぎょうしょうにん》……商品《しょうひん》を持《も》って売《う》り歩《ある》く人《ひと》。

その方法《ほうほう》は、まず、
各家庭《かくかてい》を訪問《ほうもん》して
薬《くすり》のセットを
置《お》いていきます
越中富山
薬
この段階《だんかい》では、一切《いっさい》、
お金《かね》をもらいません
半年《はんとし》か一年後《いちねんご》に
再《ふたた》びやってきて、
使《つか》った分《ぶん》の代金《だいきん》だけ
受《う》け取《と》る仕組《しく》みです
かぜ薬《ぐすり》を二包《にほう》
使《つか》ったのですね
では補充《ほじゅう》して
おきますね
薬《くすり》を使《つか》う立場《たちば》からいうと、
これほどありがたいことはありません。
しかし、人《ひと》と人《ひと》との信頼関係《しんらいかんけい》、
助《たす》け合《あ》いの精神《せいしん》がなければ
成《な》り立《た》たない商売《しょうばい》なのです

豆知識 当時《とうじ》は医者《いしゃ》が少《すく》なく、薬《くすり》の値段《ねだん》も高《たか》かったので、貧《まず》しい人《ひと》たちは病気《びょうき》で命《いのち》を落《お》とすことが多《おお》かったのです。この「先用後利《せんようこうり》」という商売方法《しょうばいほうほう》は画期的《かっきてき》で、庶民《しょみん》にとっては大変《たいへん》ありがたいものでした。

明治時代《めいじじだい》*
北海道《ほっかいどう》の開拓《かいたく》が
積極的《せっきょくてき》に進《すす》められました
本州《ほんしゅう》からも多《おお》くの人《ひと》が移住《いじゅう》し、山野《さんや》や荒《あ》れ地《ち》を切《き》り開《ひら》いていきました
働《はたら》く人々《ひとびと》にとって、一番《いちばん》の不安《ふあん》は、やはり病気《びょうき》でした
その不安《ふあん》を取《と》ってくれる唯一《ゆいいつ》の明《あ》かりが、富山《とやま》のくすり屋《や》さんだったのです
くすり屋《や》さんは、毎年《まいとし》、富山《とやま》から北海道《ほっかいどう》へ通《かよ》っていました。開拓《かいたく》で苦労《くろう》している人《ひと》がいれば、どこへでも、薬《くすり》を届《とど》けたのです

＊明治時代《めいじじだい》……一八六八年《ねん》～一九一二年《ねん》。

このような話《はなし》が伝《つた》わっています
昭和五年《しょうわごねん》＊、六年《ろくねん》と、北海道《ほっかいどう》は二年続《にねんつづ》けて作物《さくもつ》がほとんど取《と》れませんでした
それは、貧《まず》しい暮《く》らしをしていた農民《のうみん》を、さらに苦《くる》しめることになったのです
くすり屋《や》さんも、苦《くる》しい思《おも》いをしました
どの村《むら》へ行《い》っても、食《た》べる物《もの》がなく、泣《な》いている子供《こども》たちばかりでした

＊昭和五年《しょうわごねん》……西暦《せいれき》一九三〇年《ねん》。

何《なん》ということだ……
これでは、とても代金《だいきん》をもらうことはできない
薬代《くすりだい》をもらわないと、こちらも苦《くる》しい……
しかし、くすり屋《や》さんは、自分《じぶん》の苦《くる》しさを、一切《いっさい》、言《い》いませんでした
お金《かね》のことは心配《しんぱい》しなくていいですよ。薬《くすり》をのんでください。病気《びょうき》になったら子供《こども》たちを大事《だいじ》に育《そだ》ててくださいね
私《わたし》は富山《とやま》へ帰《かえ》ったら、田《た》んぼの収入《しゅうにゅう》で生活《せいかつ》できるから、だいじょうぶですよ
そう言《い》いながら新《あたら》しい薬《くすり》を補充《ほじゅう》して回《まわ》ったのです

村人《むらびと》を励《はげ》まそうと、笑顔《えがお》を絶《た》やさず、「越中《えっちゅう》おわら節《ぶし》」*を歌《うた》いながら歩《ある》くこともありました
富山《とやま》から米《こめ》を取《と》り寄《よ》せて病気《びょうき》や飢《う》えに苦《くる》しむ家庭《かてい》に少《すこ》しずつ配《くば》ったくすり屋《や》さん
これ、食《た》べてくれないか
富山《とやま》の田畑《たはた》を売《う》ってまで、北海道《ほっかいどう》へ薬《くすり》を運《はこ》び続《つづ》けた人《ひと》もあったといいます
薬

＊越中《えっちゅう》おわら節《ぶし》……富山《とやま》市《し》八尾《やつお》町《まち》を中心《ちゅうしん》として歌《うた》い継《つ》がれている民謡《みんよう》。

二年間《にねんかん》、米《こめ》が取《と》れなかった
北海道《ほっかいどう》も、昭和七年《しょうわしちねん》には、
大豊作《だいほうさく》となりました
すると、村人《むらびと》は、
たまっていた薬代《くすりだい》を
払《はら》ってくれました
くすり屋《や》さん、本当《ほんとう》にありがとうございました
宿《やど》まで、わざわざ
お礼《れい》を言《い》って薬代《くすりだい》を届《とど》けに
来《き》てくれる人《ひと》もありました
他《ほか》の支払《しはら》いは後《あと》にして、薬代《くすりだい》をいちばん先《さき》にしなければな
そう言《い》って、
くすり屋《や》さんを
待《ま》っていてくれた
家《いえ》も多《おお》かったのです

くすり屋《や》さんと、村《むら》の人々《ひとびと》の間《あいだ》には、損得《そんとく》を抜《ぬ》きにした助《たす》け合《あ》いの精神《せいしん》があったのです
名《な》もなき富山《とやま》のくすり屋《や》さんによって、肉体《にくたい》だけでなく、心《こころ》が救《すく》われた人《ひと》が、どれだけあったかしれません

大《たい》切《せつ》な心《こころ》

困《こま》っている人《ひと》に、親切《しんせつ》を

困《こま》っている人《ひと》を見《み》かけたら、どうしますか。

「自分《じぶん》には関係《かんけい》がない」と、見《み》て見《み》ぬふりして、通《とお》り過《す》ぎることもできます。

「かわいそうだ」と思《おも》っても、優《やさ》しい言葉《ことば》をかける勇気《ゆうき》がなく、ただじっと見《み》ていることもあるでしょう。

すぐに「どうしたの」と、親切《しんせつ》に声《こえ》をかけて、相手《あいて》を励《はげ》ますことができる人《ひと》もいるでしょう。

富山《とやま》のくすり屋《や》さんは、北海道《ほっかいどう》で困《こま》っている人《ひと》たちを見《み》て、心《こころ》が痛《いた》んだのです。ご飯《はん》を食《た》べることもできず、やせている子供《こども》たちが、かわいそうでならなかったのです。

そこで、薬《くすり》の代金《だいきん》をもらうのを待《ま》ってあげました。しかも、本当《ほんとう》は自分《じぶん》も苦《くる》しいのに、そんなことは一言《ひとこと》も言《い》いませんでした。笑顔《えがお》で困《こま》っている人《ひと》を励《はげ》まし、歌《うた》を歌《うた》って元気《げんき》づけていました。

北海道《ほっかいどう》の人《ひと》は、くすり屋《や》さんの親切《しんせつ》が、とてもうれしかったのです。だから、百年近《ひゃくねんちか》くたった今《いま》でも、心温《こころあたた》まる話《はなし》として伝《つた》わっているのです。

どんな小《ちい》さなことでもいいから、勇気《ゆうき》を出《だ》して、親切《しんせつ》ができるようになりたいですね。

ものしりアルバム

富山《とやま》のくすり売《う》りが背負《せお》っていた「柳《やなぎ》行李《ごうり》」という箱《はこ》。柳《やなぎ》の樹皮《じゅひ》で編《あ》んだものです。

JR富山駅前《とやまえきまえ》にあるくすり売《う》りの銅像《どうぞう》

柳行李《やなぎごうり》は4、5段《だん》の箱《はこ》を重《かさ》ねて使《つか》います。回収《かいしゅう》した古《ふる》い薬《くすり》を入《い》れる段《だん》、これから配置《はいち》する新《あたら》しい薬《くすり》を入《い》れる段《だん》、筆記用具《ひっきようぐ》やおみやげを入《い》れる段《だん》などに分《わ》かれていました。写真《しゃしん》は昭和時代《しょうわじだい》の物《もの》です。(富山市売薬資料館蔵)

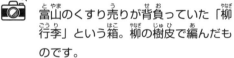

第《だい》5話《わ》

心《こころ》からの「ごめんなさい」

リンカーンは、失敗《しっぱい》したのに、大《おお》きな信用《しんよう》を得《え》た

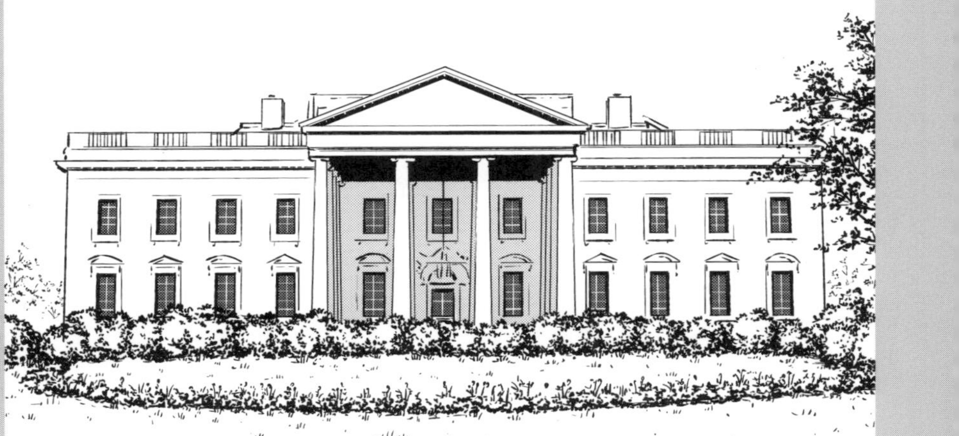

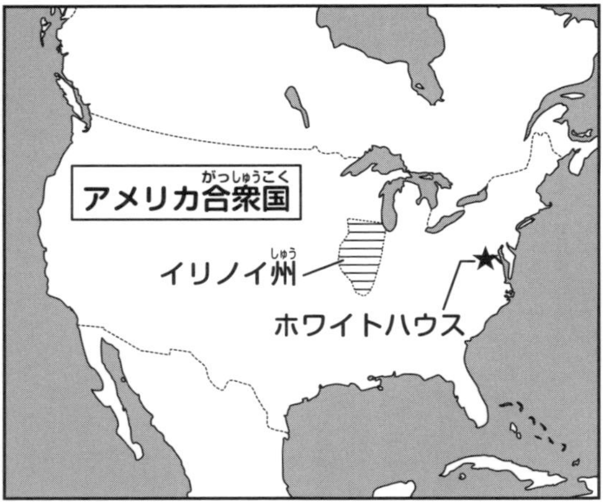

エイブラハム・リンカーン
(1809年生-1865年没)

人物紹介《じんぶつしょうかい》

エイブラハム・リンカーン

アメリカの大統領《だいとうりょう》の中《なか》で、最《もっと》も有名《ゆうめい》で、偉大《いだい》な人《ひと》といえば、リンカーンを挙《あ》げる人《ひと》が多《おお》いでしょう。

リンカーンは「農場《のうじょう》の丸太小屋《まるたごや》で生《う》まれた」といわれています。それくらい貧《まず》しい家《いえ》だったのです。だから学《がっ》校《こう》にも通《かよ》えませんでした。

しかし、本《ほん》を読《よ》むことが大好《だいす》きでした。一人《ひとり》で勉強《べんきょう》を続《つづ》け、弁護士《べんごし》となって活躍《かつやく》します。

正直《しょうじき》なリンカーンは、多《おお》くの人《ひと》から信頼《しんらい》され、政治家《せいじか》の道《みち》へ進《すす》みます。そして五十二歳《ごじゅうにさい》で、アメリカ合衆国《がっしゅうこく》の大統領《だいとうりょう》にまでなったのです。

当時《とうじ》、アメリカでは、黒人《こくじん》を奴隷《どれい》として働《はたら》かせていました。リンカーンは、人間《にんげん》を差別《さべつ》する奴隷制度《どれいせいど》の廃止《はいし》を訴《うった》えました。その功績《こうせき》を称《たた》え、現在《げんざい》も、リンカーンの誕《たん》生日《じょうび》、二月十二日《にがつじゅうににち》を祝日《しゅくじつ》としている州《しゅう》があるほどです。

アメリカ合衆国《がっしゅうこく》
第十六代大統領《だいじゅうろくだいだいとうりょう》
エイブラハム・リンカーン
彼《かれ》が二十歳《はたち》過《す》ぎに、
ある商店《しょうてん》で働《はたら》いていた時《とき》
のことです
しまった!
どうした?
リンカーン
今日《きょう》の売上金《うりあげきん》を
確《たし》かめている
のだが……

＊セント……一《いち》セントは一《いち》ドルの百分《ひゃくぶん》の一《いち》。
現在《げんざい》のアメリカの一《いち》セント硬貨《こうか》にはリンカーンの肖像《しょうぞう》が刻《きざ》まれています。

明《あき》らかに自分《じぶん》のミスだ
ああ、申《もう》し訳《わけ》ないことをしてしまった……
そう思《おも》うと、もう、じっとしてはおれなかったのです
彼《かれ》は、戸締《とじ》まりをして、店《みせ》を飛《と》び出《だ》しました
お客《きゃく》さんの家《いえ》は、だいたい見当《けんとう》がついています
暗《くら》い夜道《よみち》を、一時間《いちじかん》余《あま》りも走《はし》って、ようやくたどり着《つ》くことができました

コンコン
まあ、あなたは……
誠《まこと》に申《もう》し訳《わけ》ありません
実《じつ》は、私《わたし》が計算《けいさん》を間違《まちが》えて、三《さん》セント多《おお》く頂《いただ》いてしまったのです
全《まった》く、私《わたし》の過《あやま》ちでありました
お許《ゆる》しください
彼《かれ》は、少《すこ》しも、言《い》い訳《わけ》をせず、心《こころ》から謝罪《しゃざい》しました
まあ！

わずか三《さん》セントのために、こんなに遠《とお》くまで来《き》てくださったの
婦人《ふじん》は、リンカーンの誠意《せいい》に心《こころ》を打《う》たれました
目《め》の前《まえ》に差《さ》し出《だ》された三《さん》セントの銅貨《どうか》が、百万《ひゃくまん》の金貨《きんか》よりも値《あたい》があるように映《うつ》っていました
あなたの、その誠実《せいじつ》さは、今《いま》にきっと、大《おお》きな実《み》を結《むす》ぶ時《とき》が来《き》ますよ
二十歳《はたち》過《す》ぎの、みすぼらしい店員《てんいん》に、輝《かがや》かしい未来《みらい》を感《かん》じたのです

ごまかさない。言《い》い訳《わけ》をしない。自分《じぶん》の非《ひ》を認《みと》めて素直《すなお》に謝《あやま》る
信頼《しんらい》される人間《にんげん》になるには、大切《たいせつ》な心得《こころえ》です
あんな青年《せいねん》が議員《ぎいん》になってくれれば……
町《まち》の人々《ひとびと》は、次第《しだい》にリンカーンに期待《きたい》を寄《よ》せるようになっていきました
二十五歳《にじゅうごさい》でイリノイ州《しゅう》＊議会《ぎかい》議員《ぎいん》に当選《とうせん》
政治家《せいじか》の道《みち》を進《すす》み始《はじ》めたのです
そして、夜道《よみち》を走《はし》った日《ひ》から、約三十年後《やくさんじゅうねんご》——

豆知識 この他《ほか》にも、ある婦人《ふじん》に売《う》った茶《ちゃ》の分量《ぶんりょう》が少《すく》なかったことが分《わ》かり、リンカーンは八《はち》キロ余《あま》りの道《みち》を走《はし》り不足分《ふそくぶん》を持《も》っていったという話《はなし》があります。

＊イリノイ州《しゅう》……アメリカ合衆国《がっしゅうこく》のほぼ中央《ちゅうおう》に位置《いち》する州《しゅう》。

＊ホワイトハウス……アメリカ合衆国《がっしゅうこく》の大統領官邸《だいとうりょうかんてい》。首都《しゅと》・ワシントンにあります。

彼《かれ》は、アメリカ合衆国《がっしゅうこく》の、大統領《だいとうりょう》に選《えら》ばれました
小《ちい》さな誠意《せいい》の積《つ》み重《かさ》ねが、大《おお》きな花《はな》を咲《さ》かせたのです
ホワイトハウスに、＊リンカーンらしいエピソードが残《のこ》っています
ある朝《あさ》、秘書《ひしょ》が急用《きゅうよう》で大統領《だいとうりょう》を訪《たず》ねました

豆知識　リンカーンの誠実《せいじつ》な行《おこな》いから町《まち》の人々《ひとびと》は「正直《しょうじき》エイブ」と呼《よ》んで信頼《しんらい》し、イリノイ州議会議員《しゅうぎかいぎいん》になるよう勧《すす》めますが、一八三二年《ねん》の選挙《せんきょ》では落選《らくせん》。測量士《そくりょうし》や郵便局員《ゆうびんきょくいん》など職《しょく》を変《か》えつつ地道《じみち》に勉学《べんがく》に励《はげ》み、一八三四年《ねん》の選挙《せんきょ》で当選《とうせん》。その後国政《ごこくせい》に転《てん》じ、アメリカ合衆国大統領《がっしゅうこくだいとうりょう》となります。

ん？
廊下《ろうか》の片隅《かたすみ》で、しきりに靴《くつ》を磨《みが》いている男《おとこ》がいるではありませんか
なんとそれはリンカーンでした
大統領《だいとうりょう》！
……
「リンカーンは田舎者《いなかもの》だ。大統領《だいとうりょう》らしくない」というウワサを耳《みみ》にしていた秘書《ひしょ》は、そばへ行《い》って小《ちい》さな声《こえ》で言《い》いました
どうか、そのようなことはなさらないでください

大統領《だいとうりょう》のご身分《みぶん》に、ふさわしくありません
人《ひと》に見《み》られると、どんな陰口《かげぐち》をたたかれるか分《わ》かりません……
ほう
靴磨《くつみが》きは、そんなに恥《は》ずかしいことなのかね
悪口《わるくち》を言《い》う者《もの》のほうがおかしくないかな
大統領《だいとうりょう》も、靴磨《くつみが》きも、同《おな》じように、世《よ》のため人《ひと》のために働《はたら》いているんだ
私《わたし》は、世《よ》の中《なか》に、卑《いや》しい仕事《しごと》などないと思《おも》っている

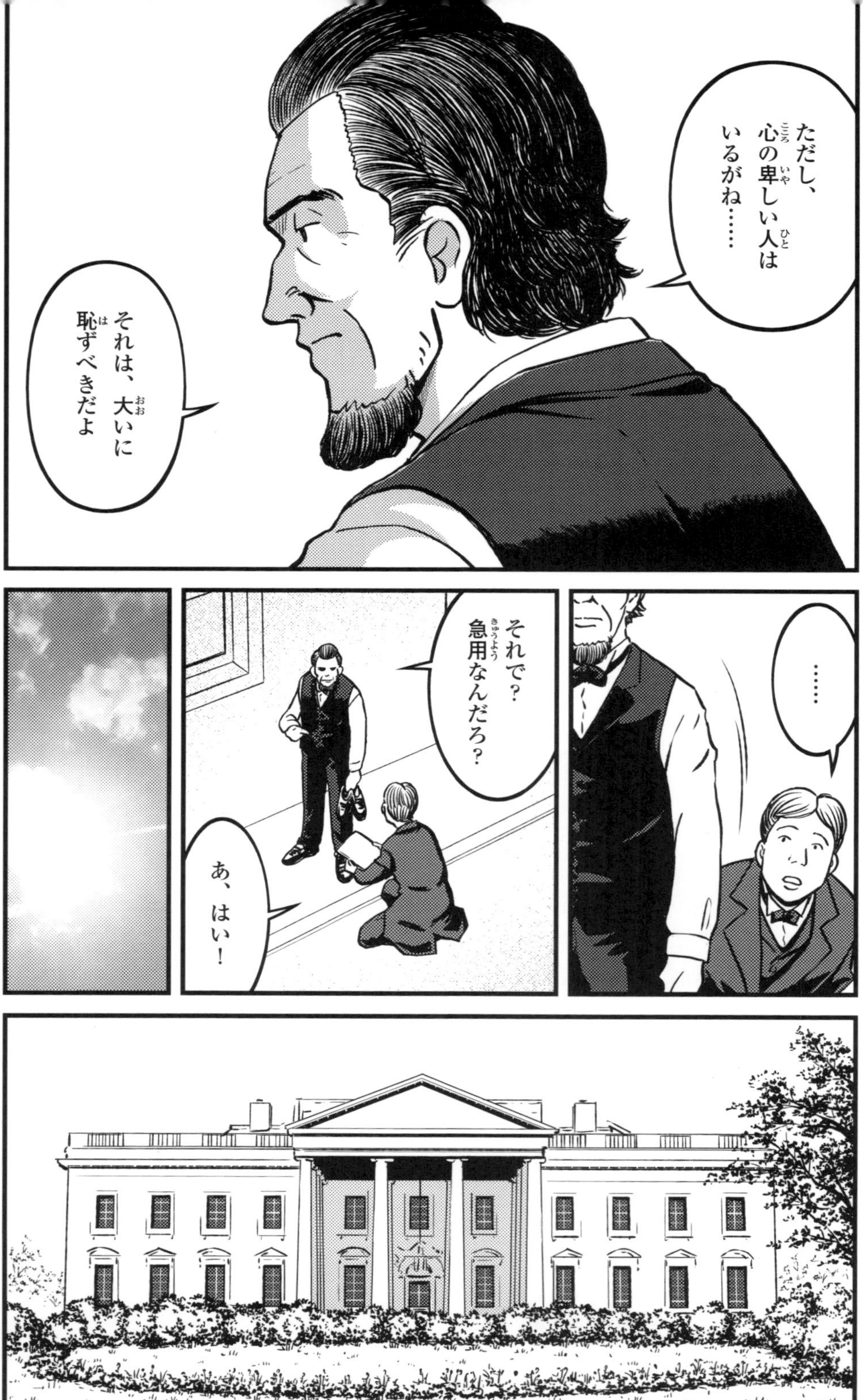
ただし、心《こころ》の卑《いや》しい人《ひと》はいるがね……
それは、大《おお》いに恥《は》ずべきだよ
……
それで？急用《きゅうよう》なんだろ？
あ、はい！

大《たい》切《せつ》な心《こころ》

「ごめんなさい」と言《い》える人《ひと》は、信頼《しんらい》される

人《ひと》に迷惑《めいわく》をかけた時《とき》に、素直《すなお》に「ごめんなさい」と謝《あやま》る人《ひと》は、りっぱな人《ひと》です。謝《あやま》ることは、よいことですから、自分《じぶん》の心《こころ》もスッキリします。

そして、「よし、同《おな》じ失敗《しっぱい》をしないように気《き》をつけよう」と前向《まえむ》きに努力《どりょく》していきますから、周囲《しゅうい》からも信頼《しんらい》される人《ひと》になります。

「誰《だれ》も見《み》ていないから、バレないさ」と思《おも》って、ごまかしていく人《ひと》は、とても大《おお》きな損《そん》をします。ごまかしは、悪《わる》いことですから、心《こころ》の中《なか》にモヤモヤしたものが残《のこ》ります。何《なに》か一《ひと》つ、ごまかすと、また別《べつ》のことでも、ごまかすようになっていきます。

「叱《しか》られたらイヤだな」と、ますます心《こころ》が暗《くら》くなっていきます。

毎日《まいにち》、そんな気持《きも》ちでいるのは、つらいですよね。

人間《にんげん》は、誰《だれ》でも失敗《しっぱい》をするものなのです。

失敗《しっぱい》をしない人《ひと》が、偉《えら》い人《ひと》ではありません。

リンカーンのように、言《い》い訳《わけ》をせずに、「自分《じぶん》が悪《わる》かった」と素直《すなお》に謝《あやま》ることができる人《ひと》が、本当《ほんとう》に偉《えら》い人《ひと》なのです。

ものしりアルバム

リンカーン大統領《だいとうりょう》の座像《ざぞう》
ワシントンに建《た》てられたリンカーン記念堂《きねんどう》の中《なか》にあります。

エイブラハム・リンカーン

（Everett Historical/Shutterstock.com）

第《だい》二《に》次《じ》大統領《だいとうりょう》就任《しゅうにん》時《じ》の演説《えんぜつ》風景《ふうけい》
リンカーンは数々《かずかず》の名演説《めいえんぜつ》を残《のこ》しています。特《とく》に「人民《じんみん》の、人民《じんみん》による、人民《じんみん》のための政治《せいじ》」で知《し》られるゲティスバーグ演説《えんぜつ》は世《せ》界的《かいてき》に有名《ゆうめい》です。

第《だい》6話《わ》

軍師《ぐんし》・孔明《こうめい》は、なぜ強《つよ》かったのか

中国《ちゅうごく》の『三国志《さんごくし》』最大《さいだい》の武器《ぶき》は、「約束《やくそく》を守《まも》る」こと

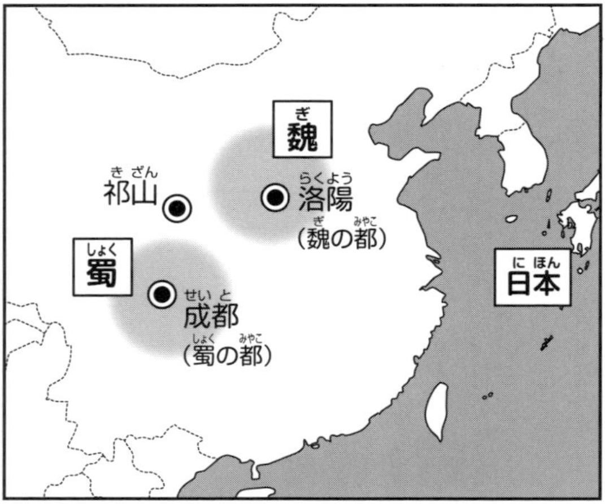

諸葛孔明《しょかつこうめい》

(181年生-234年没)

人物紹介《じんぶつしょうかい》

諸葛孔明（しょかつこうめい）

中国《ちゅうごく》の歴史小説《れきししょうせつ》で、日本人《にほんじん》に最《もっと》も人気《にんき》があるのは『三《さん》国志《ごくし》』でしょう。吉川英治《よしかわえいじ》の小説《しょうせつ》が有名《ゆうめい》です。物語《ものがたり》の舞台《ぶたい》は、今《いま》から千八百年《せんはっぴゃくねん》ほど前《まえ》の中国大陸《ちゅうごくたいりく》です。「漢《かん》」という名《な》の帝国《ていこく》が中国《ちゅうごく》を支配《しはい》していましたが、皇帝《こうてい》の力《ちから》が衰《おとろ》え、各地《かくち》に反乱《はんらん》や暴動《ぼうどう》が起《お》き始《はじ》めたのです。その結果《けっか》、中国《ちゅうごく》は、「魏《ぎ》」「呉《ご》」「蜀《しょく》」の三《みっ》つの国《くに》に分裂《ぶんれつ》し、争《あらそ》うようになりました。

三国《さんごく》の中《なか》で、最《もっと》も強大《きょうだい》な国《くに》が「魏《ぎ》」、最《もっと》も弱小《じゃくしょう》な国《くに》が「蜀《しょく》」でした。

この「蜀《しょく》」の軍師《ぐんし》であり、丞相《じょうしょう》（総理大臣《そうりだいじん》）だったのが諸葛孔明《しょかつこうめい》です。そのため、孔明《こうめい》の苦労《くろう》は並大抵《なみたいてい》のものではありませんでした。孔明《こうめい》の戦略《せんりゃく》は、守《まも》りを固《かた》めるのではなく、常《つね》に、最強《さいきょう》の「魏《ぎ》」へ向《む》かって攻《せ》めていくという積極策《せっきょくさく》でした。

千八百年前《せんはっぴゃくねんまえ》、中国《ちゅうごく》は魏《ぎ》・呉《ご》・蜀《しょく》の三《みっ》つの国《くに》に分裂《ぶんれつ》していました
魏《ぎ》
呉《ご》
蜀《しょく》
再《ふたた》び中国《ちゅうごく》を統一《とういつ》するのは、魏《ぎ》か、呉《ご》か、蜀《しょく》か。三《みっ》つの国《くに》が、激《はげ》しく争《あらそ》う様子《ようす》を、ドラマチックに描《えが》いた物語《ものがたり》が『三国志《さんごくし》』です
蜀
『三国志《さんごくし》』の登場人物《とうじょうじんぶつ》の中《なか》で、人気《にんき》ナンバーワンは、蜀《しょく》の「諸葛孔明《しょかつこうめい》」です
蜀
劉

蜀
劉
孔明《こうめい》は、国《くに》を治《おさ》めるのに大《おお》きな力《ちから》を発揮《はっき》しました
ドドドドドド
孔明《こうめい》の強《つよ》さの秘密《ひみつ》は、どこにあったのでしょうか
蜀《しょく》と魏《ぎ》の戦《たたか》いは長期化《ちょうきか》していました
魏
兵士《へいし》たちにも疲《つか》れが見《み》えてきました
ううむ

＊祁山《きざん》……現在《げんざい》の中国甘粛省南東部《ちゅうごくかんしゅくしょうなんとうぶ》にある山《やま》。蜀《しょく》から魏《ぎ》に攻《せ》め込《こ》むには押《お》さえなければならない重要《じゅうよう》な拠点《きょてん》でした。

何《なに》？
敵《てき》に不穏《ふおん》な動《うご》きがあるのか
はい。ここへ攻撃《こうげき》してくると思《おも》われます
今《いま》は、少《すこ》しでも兵力《へいりょく》が欲《ほ》しい
兵士《へいし》の交代《こうたい》を延期《えんき》しましょう
いいや
約束《やくそく》は、必《かなら》ず守《まも》らなければならない
先《さき》に来《き》ている兵《へい》は、すぐに帰《かえ》しなさい

＊剣閣《けんかく》……蜀《しょく》の重要《じゅうよう》な拠点《きょてん》。

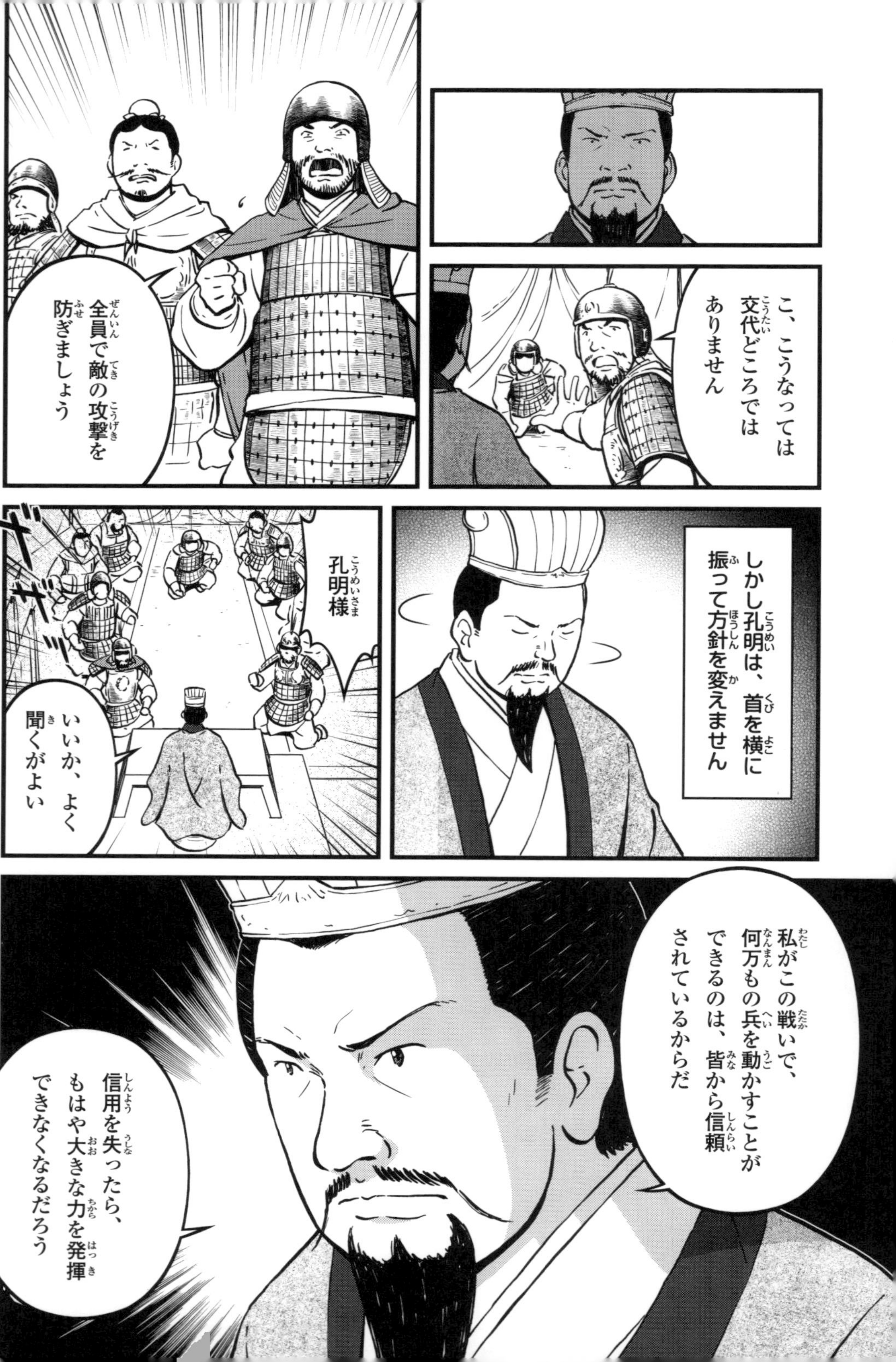

こ、こうなっては
交代《こうたい》どころでは
ありません
全員《ぜんいん》で敵《てき》の攻撃《こうげき》を
防《ふせ》ぎましょう
しかし孔明《こうめい》は、首《くび》を横《よこ》に
振《ふ》って方針《ほうしん》を変《か》えません
孔明様《こうめいさま》
いいか、よく
聞《き》くがよい
私《わたし》がこの戦《たたか》いで、
何万《なんまん》もの兵《へい》を動《うご》かすことが
できるのは、皆《みな》から信頼《しんらい》
されているからだ
信用《しんよう》を失《うしな》ったら、
もはや大《おお》きな力《ちから》を発揮《はっき》
できなくなるだろう

彼《かれ》らの家族《かぞく》は、皆《みな》、百日《ひゃくにち》たつことを指折《ゆびお》り数《かぞ》え、わが子《こ》、わが夫《おっと》の帰《かえ》りを待《ま》っているであろう
たとえ、いかなる困難《こんなん》に陥《おちい》ろうとも、孔明《こうめい》は、この約束《やくそく》を破《やぶ》ることはできないのだ
……
約束《やくそく》どおり、すぐに、家《いえ》へ帰《かえ》しなさい
ははっ！
孔明《こうめい》の言葉《ことば》は、そのまま全軍《ぜんぐん》の兵《へい》に告《つ》げられました

孔明様《こうめいさま》に危険《きけん》が迫《せま》っているのに、我々《われわれ》が先《さき》に、帰《かえ》っていいだろうか
帰《かえ》れるわけがない！
それほどまで、我々《われわれ》を思《おも》ってくださっているのか
ダダダダ
ザザッ
孔明様《こうめいさま》！どうか交代《こうたい》は延期《えんき》してください
いや、帰《かえ》りなさい
しかし、彼《かれ》らは、自《みずか》ら志願《しがん》して戦場《せんじょう》に残《のこ》ったのです

ドドドドド
我々《われわれ》の力《ちから》を見《み》せてやれ！
かかれ!!
オオオ
ワアアア
たちまち魏《ぎ》の大軍《たいぐん》を撃退《げきたい》して、孔明《こうめい》のピンチを救《すく》ったのでした

豆知識　孔明《こうめい》たちが活躍《かつやく》するこの話《はなし》は、作家《さっか》・吉川英治《よしかわえいじ》が小説《しょうせつ》『三国志《さんごくし》』を新聞《しんぶん》に連載《れんさい》したことで爆発的《ばくはつてき》な人気《にんき》を得《え》て、日本《にほん》でも広《ひろ》く知《し》られるようになりました。

諸葛孔明《しょかつこうめい》は、魔法《まほう》や幻術《げんじゅつ》を使《つか》う軍師《ぐんし》のようなイメージを持《も》たれています。天《てん》に祈《いの》って季節外《きせつはず》れの風《かぜ》を吹《ふ》かせたり、孔明《こうめい》が何人《なんにん》にも分身《ぶんしん》して敵《てき》を翻弄《ほんろう》させたりしたことが、小説《しょうせつ》やドラマによく描《えが》かれるからでしょう
ゴォオォオォ

しかし、孔明《こうめい》は普通《ふつう》の人間《にんげん》でした。孔明《こうめい》の強《つよ》さの秘密《ひみつ》は、約束《やくそく》を必《かなら》ず守《まも》ること、そして、信用《しんよう》を大切《たいせつ》にすることから生《う》まれていたのです

大《たい》切《せつ》な心《こころ》

約束《やくそく》は、必《かなら》ず守《まも》る

孔明《こうめい》は、「戦場《せんじょう》の兵士《へいし》を、百日《ひゃくにち》で交代《こうたい》させる」と、皆《みな》に宣言《せんげん》しました。総理大臣《そうりだいじん》に当《あ》たる孔明《こうめい》が、この約束《やくそく》を簡単《かんたん》に破《やぶ》ったら、どうなるでしょうか。兵士《へいし》や国民《こくみん》から、信用《しんよう》されなくなってしまいます。

孔明《こうめい》は、敵《てき》が総攻撃《そうこうげき》してくると聞《き》いても、「百日《ひゃくにち》たった兵士《へいし》は、すぐに帰《かえ》るように！」と言《い》って、約束《やくそく》を守《まも》ろうとしました。その姿《すがた》に感動《かんどう》した兵士《へいし》たちが、自《みず》ら願《ねが》い出《で》て、戦場《せんじょう》に残《のこ》り、孔明《こうめい》を助《たす》けたのです。

約束《やくそく》を守《まも》る人《ひと》は、信用《しんよう》されます。

約束《やくそく》を破《やぶ》る人《ひと》は、いいかげんな人《ひと》だと思《おも》われてしまいます。

お父《とう》さん、お母《かあ》さんや、学校《がっこう》の先生《せんせい》と、

「宿題《しゅくだい》をしてから、遊《あそ》びに行《い》きます」

「毎朝六時半《まいあさろくじはん》に起《お》きます」

「毎日《まいにち》、家《いえ》の手伝《てつだ》いをします」

などと、約束《やくそく》することはありませんか。自分《じぶん》から言《い》った目標《もくひょう》なのに、三日間《みっかかん》しか続《つづ》かなかった……、ということがあったら、残念《ざんねん》ですね。

大人《おとな》になるまでに、約束《やくそく》を守《まも》れる人《ひと》になりたいですね。

ものしりアルバム

諸葛孔明《しょかつこうめい》

赤壁古戦場《せきへきこせんじょう》
諸葛孔明《しょかつこうめい》の活躍《かつやく》により、魏《ぎ》の大軍《たいぐん》を打《う》ち破《やぶ》った「赤壁《せきへき》の戦《たたか》い」は『三国志《さんごくし》』の中《なか》でも特《とく》に有名《ゆうめい》な場面《ばめん》です。

劉玄徳《りゅうげんとく》は、諸葛孔明《しょかつこうめい》を軍師《ぐんし》に迎《むか》えようとして、3度《ど》も孔明《こうめい》の家《いえ》を訪《たず》ねました。これを「三顧《さんこ》の礼《れい》」といいます。孔明《こうめい》が住《す》んでいた場所《ばしょ》には、現在《げんざい》「三顧堂《さんこどう》」が建《た》ち、観光名所《かんこうめいしょ》となっています。

第《だい》7話《わ》

ライバルは、お互《たが》いを高《たか》め合《あ》う

上杉謙信《うえすぎけんしん》は、宿敵《しゅくてき》・武田信玄《たけだしんげん》のピンチを救《すく》った

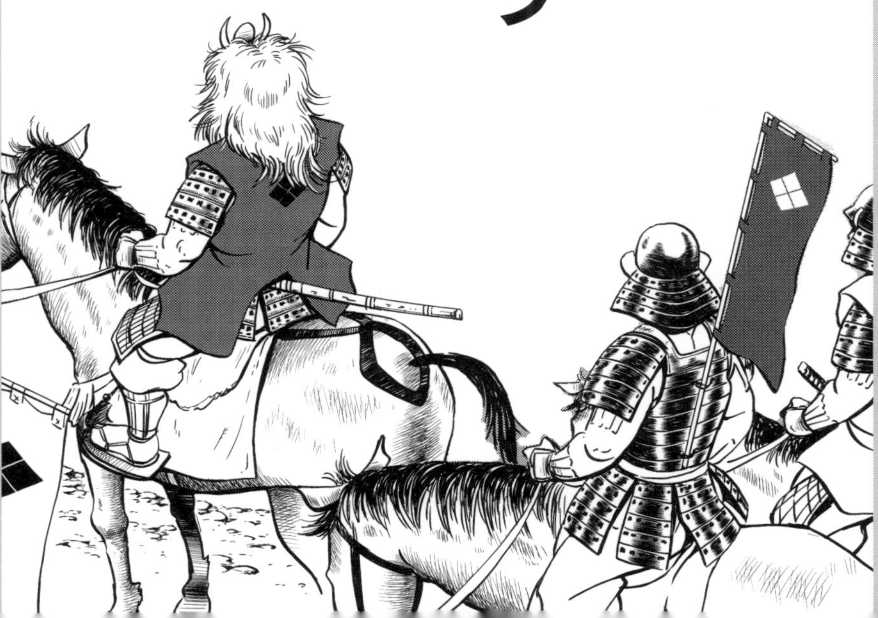

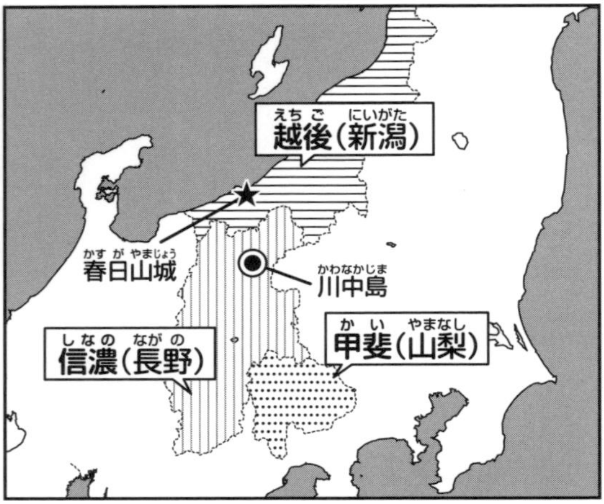

上杉謙信《うえすぎけんしん》

（1530年生-1578年没）

人物紹介《じんぶつしょうかい》 上杉 謙信 （うえすぎ けんしん）

戦国《せんごく》時代《じだい》に、天下統一《てんかとういつ》を目指《めざ》して破竹《はちく》の勢《いきお》いで進撃《しんげき》していた織田信長《おだのぶなが》が、最《もっと》も恐《おそ》れていた武将《ぶしょう》は、越後国《えちごのくに》（現《げん》在《ざい》の新潟県《にいがたけん》）の上杉謙信《うえすぎけんしん》と、甲斐国《かいのくに》（現在《げんざい》の山梨県《やまなしけん》）の武田信玄《たけだしんげん》でした。謙信《けんしん》は越後《えちご》の竜《りゅう》、信玄《しんげん》は甲斐《かい》の虎《とら》といわれ、戦国最強《せんごくさいきょう》の軍団《ぐんだん》だったのです。

また同時《どうじ》に、上杉謙信《うえすぎけんしん》と武田信玄《たけだしんげん》は、生涯《しょうがい》のライバルでもありました。両者《りょうしゃ》は、信濃国《しなののくに》（現在《げんざい》の長野県《ながのけん》）の川《かわ》中島《なかじま》で五度《ごど》も決戦《けっせん》したことは、特《とく》に有名《ゆうめい》です。

武田信玄《たけだしんげん》は、病気《びょうき》で亡《な》くなる時《とき》、息子《むすこ》に「困《こま》ったことがあれば、義《ぎ》に厚《あつ》い謙信《けんしん》を頼《たよ》れ」と遺言《ゆいごん》したといわれます。上杉謙信《うえすぎけんしん》は、武田信玄《たけだしんげん》が死《し》んだ知《し》らせを聞《き》くと「好《こう》敵手《てきしゅ》を失《うしな》った」と号泣《ごうきゅう》したといいます。

宿敵《しゅくてき》でありながらも、お互《たが》いを認《みと》め、尊敬《そんけい》し合《あ》っていたことが分《わ》かります。

「敵《てき》に塩《しお》を送《おく》る」
ライバルが苦《くる》しんでいる時《とき》に、温《あた》かい手《て》を差《さ》し伸《の》べることをいいます
ドドドド
この、ことわざには、どんないわれがあるのでしょうか
それは四百年《よんひゃくねん》以《い》上前《じょうまえ》の、戦国《せんごく》時代《じだい》にまでさかのぼります

*越後《えちご》……現在《げんざい》の新潟県《にいがたけん》。

*甲斐《かい》……現在《げんざい》の山梨県《やまなしけん》。

*信濃《しなの》……現在《げんざい》の長野県《ながのけん》。

*川中島《かわなかじま》……現在《げんざい》の長野市《ながのし》川中島町《かわなかじままち》付近《ふきん》。

さらに、武田信玄《たけだしんげん》は、東海地方《とうかいちほう》へも進出《しんしゅつ》し始《はじ》めたのです
上杉
武田
北条
今川
ザザッ
ザザッ
今川氏《いまがわし》の館《やかた》
うむむ……信玄《しんげん》め
ならば、信玄《しんげん》の国力《こくりょく》を弱《よわ》めてやろう
それはどのように？
しかし、正面《しょうめん》から戦《たたか》っては、かなわんぞ
隣《となり》の北条《ほうじょう》と手《て》を結《むす》んで、武田信玄《たけだしんげん》の領内《りょうない》への塩《しお》の輸送《ゆそう》を全面禁止《ぜんめんきんし》にするのだ！
塩《しお》を！なるほど‼

豆知識 この頃《ころ》、東海地方《とうかいちほう》を治《おさ》めていたのは今川氏真《いまがわうじざね》でした。氏真《うじざね》の父親《ちちおや》である今川義元《いまがわよしもと》は、織田信長《おだのぶなが》に桶狭間《おけはざま》の合戦《かっせん》で討《う》ち取《と》られました。

武田信玄《たけだしんげん》の領国《りょうごく》は、海《うみ》に面《めん》していません。そのため、塩《しお》を作《つく》ることができなかったのです
日本海
上杉
武田
北条
今川
太平洋
塩《しお》は全《すべ》て、太平洋側《たいへいようがわ》から運《はこ》んでいました。それを止《と》められてしまったのです……
甲斐《かい》
おい、もう塩《しお》がないぞ
何《なん》だって!?
困《こま》ったな……
これでは味噌《みそ》もしょうゆも漬物《つけもの》も作《つく》れない……
塩《しお》は「生命《せいめい》の糧《かて》」ともいわれ、水《みず》や空気《くうき》とともに、人間《にんげん》が生《い》きていくのに欠《か》かせないものなのです
戦《いくさ》どころか、生《い》きていけなくなるぞ……

豆知識　当時《とうじ》、塩《しお》は海水《かいすい》を干《ほ》して煮詰《につ》める方法《ほうほう》で作《つく》られていました。海水《かいすい》を濃縮《のうしゅく》するために使《つか》われた土地《とち》を「塩田《えんでん》」と呼《よ》びました。

そんな状態《じょうたい》が、一年《いちねん》以上《いじょう》も続《つづ》きました。次第《しだい》に病人《びょうにん》が増《ふ》え、兵士《へいし》も元気《げんき》をなくしていきました
日本《にほん》でいちばん強《つよ》いといわれていた武田信玄《たけだしんげん》も、これで終《お》わりかと思《おも》われていました
武田信玄《たけだしんげん》がピンチに陥《おちい》っているという情報《じょうほう》が、越後《えちご》の上杉謙信《うえすぎけんしん》の所《ところ》へ届《とど》きました
謙信《けんしん》の居城《きょじょう》＊

殿《との》、今《いま》こそ信玄《しんげん》を攻撃《こうげき》するチャンスではありませんか！
……
しかし上杉謙信《うえすぎけんしん》は、軍隊《ぐんたい》を動《うご》かしませんでした

＊謙信《けんしん》の居城《きょじょう》……新潟県上越市《にいがたけんじょうえつし》にあった春日山城《かすがやまじょう》のこと。難攻不落《なんこうふらく》の名城《めいじょう》として知《し》られていました。

豆知識 この時《とき》の信玄《しんげん》の様子《ようす》を、吉川英治《よしかわえいじ》は小説《しょうせつ》『上杉謙信《うえすぎけんしん》』の中《なか》で「三十年来《さんじゅうねんらい》まだかつて戦《いくさ》に弱音《よわね》をふいたことのない彼《かれ》も、『いかにせん乎《か》』と、日々屈託顔《ひびくったくがお》に見《み》えた」と書いています。

それどころか――
ガラ
ガラ
塩《しお》じゃ！
越後《えちご》から塩《しお》が
届《とど》いたぞ!!
こ、これは
どういうことじゃ
殿《との》、
上杉謙信《うえすぎけんしん》から
の書状《しょじょう》です
聞《き》くところによると、
北条《ほうじょう》、今川《いまがわ》両氏《りょうし》が手《て》を組《く》んで、
塩《しお》を止《と》め、君《きみ》を苦《くる》しめているという。
これは、極《きわ》めて卑劣《ひれつ》な行為《こうい》である。
君《きみ》と我《われ》の争《あらそ》いは、戦場《せんじょう》で堂々《どうどう》と
決《けっ》するものであって、米《こめ》や塩《しお》は関係《かんけい》ない。
今《いま》から、我《わ》が国《くに》の塩《しお》を送《おく》る。
必要《ひつよう》なだけ取《と》られるがよい。

ふっ……
あの男《おとこ》……
日本海側《にほんかいがわ》から、甲斐《かい》へ大量《たいりょう》の塩《しお》が運《はこ》ばれてきたのです
川中島《かわなかじま》での五回《ごかい》めの戦《たたか》いから、わずか数年後《すうねんご》のことでした
「敵《てき》に塩《しお》を送《おく》る」爽《さわ》やかな響《ひび》きのある言葉《ことば》です

隣《となり》に、強《つよ》いライバルがいると、自分自身《じぶんじしん》が、大《おお》きく成長《せいちょう》することができます。相手《あいて》に負《ま》けてはならないと、怠《なま》け心《ごころ》をたたきながら、常《つね》に、緊張《きんちょう》して、努力《どりょく》するからです。
上杉謙信《うえすぎけんしん》が、武田信玄《たけだしんげん》に塩《しお》を送《おく》ったのも、「ライバルよ、早《はや》く元気《げんき》になってくれ。俺《おれ》は、おまえのおかげで強《つよ》くなれたのだ。再《ふたた》び、正々堂々《せいせいどうどう》と戦《たたか》おうではないか！」というメッセージに違《ちが》いありません
真《しん》のライバルとは、お互《たが》いを高《たか》め合《あ》う存在《そんざい》なのです

大《たい》切《せつ》な心《こころ》

友人《ゆうじん》の弱《よわ》みにつけこまない

戦争《せんそう》とは、相手《あいて》の弱《よわ》みを探《さが》し出《だ》して、そこを攻撃《こうげき》するのが普通《ふつう》です。上杉謙信《うえすぎけんしん》と武田信玄《たけだしんげん》は、川中島《かわなかじま》で、五回《ごかい》も決戦《けっせん》をした宿敵《しゅくてき》同士《どうし》です。どこか、相手《あいて》にスキはないかと、常《つね》に狙《ねら》っていたはずです。

すると、上杉謙信《うえすぎけんしん》のところへ、武田信玄《たけだしんげん》が塩《しお》がなくて困《こま》っているという情報《じょうほう》が入《はい》りました。こんなチャンスはありません。謙信《けんしん》が攻《せ》めていれば、簡単《かんたん》に勝《か》てたでしょう。しかし、あえて軍隊《ぐんたい》を動《うご》かさなかっただけでなく、敵《てき》を元気《げんき》づけるために、塩《しお》を送《おく》ったのです。

「君《きみ》と我《われ》の戦《たたか》いは、弓矢《ゆみや》で決《けっ》するものであって、塩《しお》は関係《かんけい》ない」と言《い》い切《き》るところが、かっこいいですね。まさに正々堂々《せいせいどうどう》とした戦《たたか》いでした。

私《わたし》たちも、スポーツや勉強《べんきょう》で友人《ゆうじん》と競《きそ》い合《あ》います。そんな時《とき》、決《けっ》して相手《あいて》の弱《よわ》みにつけこんではいけません。謙信《けんしん》と信玄《しんげん》のように、お互《たが》いを高《たか》め合《あ》うライバルになりたいですね。

ものしりアルバム

上杉謙信《うえすぎけんしん》

長野市《ながのし》の川中島《かわなかじま》での、４回《かい》めの戦《たたか》いでは、上杉謙信《うえすぎけんしん》と武田信玄《たけだしんげん》の一騎討《いっきう》ちがあったと伝《つた》えられています。古戦場跡《こせんじょうあと》には、その銅像《どうぞう》が建《た》てられています。

川中島合戦図屏風《かわなかじまかっせんずびょうぶ》

1553年《ねん》から1564年《ねん》にかけて上杉謙信《うえすぎけんしん》と武田信玄《たけだしんげん》は、川中島周辺《かわなかじましゅうへん》で５度《ど》におよぶ合戦《かっせん》を行《おこな》いました。特《とく》に1561年《ねん》の、４回《かい》めの合戦《かっせん》は激《げき》戦《せん》となりました。

（和歌山県立博物館蔵）

第《だい》8話《わ》

掃除《そうじ》をすると、いいことがいっぱい

世界《せかい》の自動車王《じどうしゃおう》ヘンリー・フォードの成功《せいこう》の秘密《ひみつ》

ヘンリー・フォード
（1863年生-1947年没）

人物紹介《じんぶつしょうかい》 ヘンリー・フォード

約百十年前《やくひゃくじゅうねんまえ》、自動車《じどうしゃ》は値段《ねだん》がとても高《たか》く、金持《かねも》ちしか買《か》えない乗《の》り物《もの》でした。アメリカで、技術者《ぎじゅつしゃ》として働《はたら》いていたヘンリー・フォードは、一般《いっぱん》の人《ひと》が気軽《きがる》に買《か》えて、家族《かぞく》と一緒《いっしょ》に乗《の》れる車《くるま》を作《つく》りたいと、熱心《ねっしん》に研究《けんきゅう》を続《つづ》けていました。

一九〇三年《ねん》、研究《けんきゅう》に自信《じしん》がついたフォードは、自動車《じどうしゃ》会社《がいしゃ》「フォード・モーター」を設立《せつりつ》。世界《せかい》で初《はじ》めて、大《たい》衆《しゅう》向《む》けの車《くるま》を作《つく》りました。フォードの車《くるま》は、一般《いっぱん》の人《ひと》が購入《こうにゅう》できる金額《きんがく》だったので、生産《せいさん》が追《お》いつかないほど大《だい》ヒットしました。そこでフォードの工場《こうじょう》では、車《くるま》を流《なが》れ作業《さぎょう》で組《く》み立《た》てるシステムを、世界《せかい》で初《はじ》めて考《かんが》え出《だ》しました。これにより、自動車《じどうしゃ》を大量生産《たいりょうせいさん》することができるようになったのです。最高《さいこう》の製品《せいひん》を、大量《たいりょう》に作《つく》りたい、というのがフォードの願《ねが》いでした。

部品《ぶひん》を買《か》った時《とき》の伝票《でんぴょう》をもらえないか
部長《ぶちょう》
はい
ゴツ
ええと……あれ、ここにあると思《おも》ったのに……
どうしたんだ?
な、何《なん》だね、この乱雑《らんざつ》な机《つくえ》は

机《つくえ》の上《うえ》が散《ち》らかっている社員《しゃいん》は、ミスが多《おお》いといわれているぞ
そんな関係《かんけい》が、本当《ほんとう》にあるのでしょうか
ガサガサ
あっ
伝票《でんぴょう》は工場《こうじょう》に置《お》いてきたのかもしれません
ギッ
しかたがないなあ……
むむっ、工場《こうじょう》も散《ち》らかっているな
安全第一
掃除《そうじ》の行《ゆ》き届《とど》いていない工場《こうじょう》からは、不良品《ふりょうひん》が出《で》るものだ
えー

タバコの吸《す》い殻《がら》や、ジュースの空《あ》き缶《かん》が散乱《さんらん》している場所《ばしょ》では、トラブルが多《おお》く発生《はっせい》する
まずは片《かた》づけ、整理整頓《せいりせいとん》から始《はじ》めよう
そんな、面倒《めんどう》な……
さあ!
この部長《ぶちょう》は、アメリカの有名《ゆうめい》な実業家《じつぎょうか》の言葉《ことば》を基《もと》にして教《おし》えています
その実業家《じつぎょうか》とは、世界《せかい》トップクラスの自動車会社《じどうしゃがいしゃ》を作《つく》った、ヘンリー・フォードのことです
Ford

きれいに掃除《そうじ》をしない所《ところ》に、優秀《ゆうしゅう》な社員《しゃいん》はいない
ヘンリー・フォード
ヘンリー・フォードの名言《めいげん》です
フォードの工場《こうじょう》は、掃除《そうじ》に、最《もっと》も力《ちから》を入《い》れていました
フォードは、社員《しゃいん》に、毎日《まいにち》、工場《こうじょう》の掃除《そうじ》、窓《まど》ふきを、しっかり行《おこな》うように言《い》っていました。また、「床《ゆか》に、品物《しなもの》を乱雑《らんざつ》に置《お》いてはいけない」と、厳《きび》しく注意《ちゅうい》していました

しかも、工場《こうじょう》の暗《くら》い場所《ばしょ》に、白《しろ》いペンキを塗《ぬ》りました。汚《よご》れたり、ホコリがたまったりすると、すぐに分《わ》かるからです。工場《こうじょう》の隅々《すみずみ》まで、皆《みな》で、毎日《まいにち》、掃除《そうじ》をしたのです
私《わたし》の工場《こうじょう》の内部《ないぶ》や、庭《にわ》は、普通《ふつう》の町《まち》の建物《たてもの》や公園《こうえん》よりも、はるかに清潔《せいけつ》になっています
フォードは、いつも、自信《じしん》を持《も》って言《い》っていました
なぜ、そこまで、徹底《てってい》する必要《ひつよう》があるのでしょうか
掃除《そうじ》をしない場所《ばしょ》には、怠《なま》ける人《ひと》、だらしない人《ひと》が集《あつ》まってくるものです
しかも、まじめな人《ひと》にも、悪《わる》い影響《えいきょう》を与えます。工場全体《こうじょうぜんたい》が、だらしない雰囲気《ふんいき》になり、車《くるま》の品質《ひんしつ》も低下《ていか》してしまうのです
フォード社《しゃ》は、一九〇三年《ねん》に設立《せつりつ》されてから、急成長《きゅうせいちょう》を続《つづ》け、アメリカを代表《だいひょう》する企業《きぎょう》になりました

掃除《そうじ》をきちんとするのは、面倒《めんどう》であり、つらいことです。しかし、毎日《まいにち》、実行《じっこう》していくうちに、人間《にんげん》として、心《こころ》が磨《みが》かれ、よい習慣《しゅうかん》が身《み》についていきます。そんな人《ひと》が多《おお》くいる会社《かいしゃ》は、きっと大発展《だいはってん》するでしょう
な、なるほど
現在《げんざい》のフォード本社《ほんしゃ》
さあ、では掃除《そうじ》を続《つづ》けよう
はい
清潔《せいけつ》に掃除《そうじ》をする習慣《しゅうかん》は人間《にんげん》の基礎《きそ》に当《あ》たります
まず、よい習慣《しゅうかん》を、しっかりと身《み》につけることが大切《たいせつ》なのです

大《たい》切《せつ》な心《こころ》

毎日《まいにち》、掃除《そうじ》と片《かた》づけを

自分《じぶん》の部屋《へや》に、カバンや本《ほん》、ゲーム機《き》、服《ふく》などが、乱雑《らんざつ》に置《お》かれていませんか。

本棚《ほんだな》に入《はい》っている本《ほん》は、倒《たお》れたり、向《む》きが逆《ぎゃく》だったりしていませんか。きちんと並《なら》んでいますか。

机《つくえ》の引《ひ》き出《だ》しは、どこに、何《なに》を入《い》れるか決《き》めていますか。何《なん》でも、かんでも、ごちゃごちゃに入《はい》っていませんか。

毎日《まいにち》、部屋《へや》を片《かた》づけて、掃除機《そうじき》をかけると、とても気持《きも》ちがいいですよ。掃除《そうじ》をするのは、よいことです。よいことをすれば、必《かなら》ず、よいことがあります。

掃除《そうじ》や整理整頓《せいりせいとん》の大切《たいせつ》さは、フォードの自動車工場《じどうしゃこうじょう》だけではなく、学校《がっこう》でも、家《いえ》でも、普通《ふつう》の会社《かいしゃ》でもいえることです。大人《おとな》になるまでに身《み》につけておくと、いいことがいっぱいありますよ。

ものしりアルバム

ヘンリー・フォード

ヘンリー・フォードは、エジソンの研《けん》究所《きゅうじょ》で技術者《ぎじゅつしゃ》として働《はたら》いていたことがあります。
フォードが自動車会社《じどうしゃがいしゃ》を作《つく》ってからも、二人《ふたり》は親《した》しくつきあっていました。

（アマナイメージズ）

エジソン（左《ひだり》）　フォード（右《みぎ》）

フォードは、自動車《じどうしゃ》を流《なが》れ作業《さぎょう》で組《く》み立《た》て、大量生産《たいりょうせいさん》するシステムを作《つく》りました。
T型《ティーがた》フォードと呼《よ》ばれる車《くるま》は、世界《せかい》で累計《るいけい》千五百万台以上《せんごひゃくまんだいいじょう》も生産《せいさん》されました。

（アマナイメージズ）

第《だい》9話《わ》

イヤなことを言《い》われても……

中国《ちゅうごく》の名将《めいしょう》・韓信《かんしん》
怒《おこ》らずに、聞《き》き流《なが》したから
大将軍《だいしょうぐん》になれた

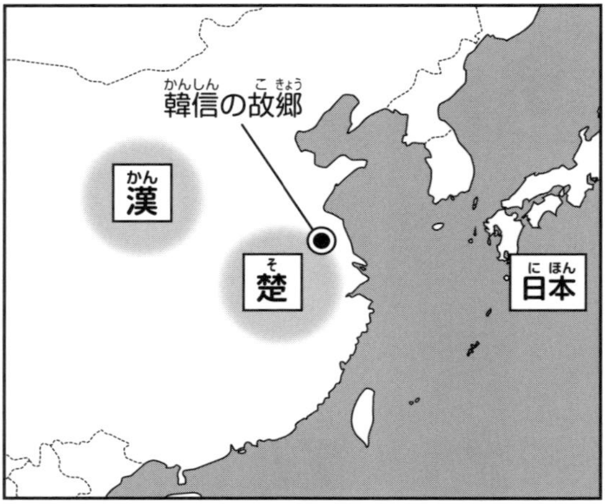

韓信《かんしん》

（?-紀元前196年没）

人物紹介《じんぶつしょうかい》

韓信（かんしん）

中国《ちゅうごく》が、漢《かん》と楚《そ》に分《わ》かれて、どちらが勝《か》つかを争《あらそ》っていた時《とき》に現《あらわ》れた天才的《てんさいてき》な将軍《しょうぐん》が、韓信《かんしん》です。

韓信《かんしん》は、最初《さいしょ》、楚《そ》の軍隊《ぐんたい》に入《はい》りました。しかし、どれだけ作戦《さくせん》を提案《ていあん》しても、一切《いっさい》、採用《さいよう》されませんでした。誰《だれ》も韓信《かんしん》の才能《さいのう》に気《き》づかなかったのです。

嫌気《いやけ》が差《さ》した韓信《かんしん》は、楚《そ》から逃《に》げ出《だ》して、漢《かん》の軍隊《ぐんたい》に入《はい》りました。そこで、韓信《かんしん》は、国士無双《こくしむそう》の人物《じんぶつ》だ、と評《ひょう》価《か》されます。「この国《くに》に二人《ふたり》といない、いちばん優《すぐ》れた人物《じんぶつ》」という意味《いみ》です。ここから「国士無双《こくしむそう》」という故《こ》事成語《じせいご》が生《う》まれました。

みすぼらしい青年《せいねん》にしか見《み》えなかった韓信《かんしん》が、一躍《いちやく》、漢《かん》の全軍《ぜんぐん》に命令《めいれい》を下《くだ》す大将軍《だいしょうぐん》に抜擢《ばってき》されたのです。

韓信《かんしん》は、期待《きたい》に応《こた》えて連戦連勝《れんせんれんしょう》し、やがて漢《かん》が中国《ちゅうごく》を統一《とういつ》するのに非常《ひじょう》に大《おお》きな功績《こうせき》を残《のこ》しました。

他人《たにん》から、バカにされたら、
どうしますか。
カッと怒《おこ》って反撃《はんげき》するか、
じっと我慢《がまん》するか……
「韓信《かんしん》の股《また》くぐり」
という故事成語《こじせいご》を例《れい》にして、
考《かんが》えてみましょう

今《いま》から約《やく》二《に》千《せん》二《に》百《ひゃく》年《ねん》前《まえ》の
中国《ちゅうごく》に、韓信《かんしん》という青年《せいねん》
がいました
韓信《かんしん》は、
貧《まず》しい家《いえ》に
生《う》まれました

仕事《しごと》もなく、毎日《まいにち》、川《かわ》で釣《つ》りばかりしていました
しかし——
今《いま》に見《み》ておれ
いつか必《かなら》ず、何万《なんまん》もの軍隊《ぐんたい》に命令《めいれい》する将軍《しょうぐん》になってみせる
ぐ〜〜っ
ぐるるる〜〜
将来《しょうらい》の目的《もくてき》はあっても、食《た》べ物《もの》がない……
ごそ
ごそ
ほれ、これを食《た》べな

あまりにも空腹《くうふく》そうな韓信《かんしん》を見《み》て、河原《かわら》で仕事《しごと》をしていた女性《じょせい》が、食《た》べ物《もの》を分《わ》けてくれたこともありました
そんなある日《ひ》、町《まち》で、不良《ふりょう》にからまれたのです
おい、待《ま》て!!
貴様《きさま》、いつも偉《えら》そうに剣《けん》なんかぶら下《さ》げやがって!
それは本物《ほんもの》の剣《けん》か？中《なか》は、さびてボロボロじゃないのか!
……

ガヤ
ガヤ
不良《ふりょう》は、ますます
調子《ちょうし》に乗《の》って韓信《かんしん》に
恥《はじ》をかかせます
どうだ、
その剣《けん》で俺《おれ》を
刺《さ》す度胸《どきょう》があるか
やってみろ!
できなければ、
俺《おれ》の股《また》をくぐれ
ほれ、ほれ
どうじゃ!?
ザ
ザ

この臆病者《おくびょうもの》め！
バカじゃないか
ドッ
剣《けん》が泣《な》いておるわ！
はははは
恥《はじ》をかかされ、バカにされましたが、韓信《かんしん》は、さらりと流《なが》して、去《さ》っていきました

＊秦《しん》……始皇帝《しこうてい》が中国《ちゅうごく》を統一《とういつ》した王朝《おうちょう》。紀元前《きげんぜん》二〇六年《ねん》に滅亡《めつぼう》。

＊漢《かん》……当時《とうじ》の漢《かん》は、領土《りょうど》をいくつかの国《くに》に分《わ》け、それぞれに王《おう》を任命《にんめい》していました。

＊劉邦《りゅうほう》……秦《しん》の後《あと》、中国《ちゅうごく》を統一《とういつ》して「漢《かん》」の初代皇帝《しょだいこうてい》となる。

韓信《かんしん》は、若《わか》い時《とき》に、お世話《せわ》になった人《ひと》に、恩返《おんがえ》しをしようと思《おも》いました。まず、河原《かわら》で食《た》べ物《もの》を分《わ》けてくれた女性《じょせい》を呼《よ》んで、大金《たいきん》を贈《おく》りました
次《つぎ》に、股《また》をくぐるように命《めい》じて、韓信《かんしん》に、恥《はじ》をかかせた男《おとこ》を呼《よ》び出《だ》しました
楚
ひいいいい
まさか、あの韓信《かんしん》が王《おう》になろうとは……
こ、殺《ころ》されるに違《ちが》いない

も、申《もう》し訳《わけ》ありませんでした
命《いのち》だけは……
いやいや
そなたには、「中尉《ちゅうい》」の位《くらい》を与《あた》える
は？
軍人《ぐんじん》に採用《さいよう》する、と言《い》っておるのじゃ
よいか皆《みな》の者《もの》、よく聞《け》け
この男《おとこ》にバカにされた時《とき》、私《わたし》は、カッとなって、殺《ころ》してやろうと思《おも》った
しかし、そんなことをしたら、捕《つか》まってしまい、私《わたし》は罪人《ざいにん》となって将軍《しょうぐん》になることもできなかっただろう

この男《おとこ》が、
我慢《がまん》することの大切《たいせつ》さ
を教《おし》えてくれたのだ
韓信《かんしん》は、「股《また》くぐり」を命《めい》じられた時《とき》、
何《なに》を考《かんが》えたのでしょうか。
反撃《はんげき》して、バカにした男《おとこ》を殺《ころ》した
場合《ばあい》、自分《じぶん》は罪人《ざいにん》として捕《つか》まります。
剣《けん》で戦《たたか》って負《ま》けたならば、自分《じぶん》が
殺《ころ》されてしまいます
勝《か》っても、負《ま》けても、
自分《じぶん》の将来《しょうらい》の目的《もくてき》を
達成《たっせい》できなくなることに
気《き》がついたのです
韓信《かんしん》が、我慢《がまん》できたのは、
将来《しょうらい》の目的《もくてき》がハッキリ
していたからです

バカにされたり、腹《はら》が立《た》つことを
言《い》われたりすることは、人生《じんせい》で、
よくあることです
そんな時《とき》に、人生《じんせい》の目的《もくてき》を
ハッキリ持《も》っている人は、
さらりと聞《き》き流《なが》して
強《つよ》く生《い》きることができます

命《いのち》は一《ひと》つしかありません。
一度《いちど》きりの人生《じんせい》を、
大切《たいせつ》に生《い》きていきましょう

大《たい》切《せつ》な心《こころ》

腹《はら》が立《た》ったら、百《ひゃく》まで数《かぞ》えよう

「怒《いか》りは無《む》謀《ぼう》に始《はじ》まり、後《こう》悔《かい》に終《お》わるものだ」という言《こと》葉《ば》があります。

もし韓《かん》信《しん》が、町《まち》の不《ふ》良《りょう》にバカにされた時《とき》に、カッと怒《おこ》って、相《あい》手《て》を剣《けん》で刺《さ》していたら、罪《ざい》人《にん》として捕《つか》まっていました。すると韓《かん》信《しん》は、「俺《おれ》は、何《なん》で、あんなことぐらいで怒《おこ》ってしまったのだろう。無《む》謀《ぼう》なことをして、人《じん》生《せい》を台《だい》なしにしてしまった」と後《こう》悔《かい》したはずです。

怒《いか》りの心《こころ》が燃《も》えてくると、冷《れい》静《せい》さを失《うしな》ってしまいます。後《あと》のことを、深《ふか》く考《かんが》える余《よ》裕《ゆう》がなくなってしまうのです。そんな時《とき》は、どうすればいいのでしょうか。

イギリスでは、ことわざで、

「腹《はら》が立《た》ったら、百《ひゃく》数《かぞ》えよ」

と教《おし》えられています。

アメリカのトマス・ジェファーソン大《だい》統《とう》領《りょう》は、もっと丁《てい》寧《ねい》に、次《つぎ》のように教《おし》えています。

「腹《はら》が立《た》ったら、何《なに》か言《い》ったり、したりする前《まえ》に十《じゅう》まで数《かぞ》えよ。
それでも怒《いか》りが治《おさ》まらなかったら百《ひゃく》まで数《かぞ》えよ。それでもダメなら千《せん》まで数《かぞ》えよ」

もしかしたら、韓《かん》信《しん》も心《こころ》の中《なか》で、千《せん》まで数《かぞ》えていたのかもしれませんね。

ものしりアルバム

韓信《かんしん》

韓信《かんしん》が貧《まず》しい時《とき》に、釣《つ》りをしていたという場所《ばしょ》には、「釣魚台」と記《しる》されたモニュメントが建《た》っています。

韓信《かんしん》が不良《ふりょう》の股《また》をくぐったのは、橋《はし》の近《ちか》くだったといわれています。その場所《ばしょ》には、「胯下橋」と記《しる》されています。

（写真提供：きままな中国1人旅のタク〈フォートラベル〉）

第《だい》10話《わ》

どんなに苦《くる》しくても、悪《わる》いことをしない

武士《ぶし》の情《なさ》けが、大根《だいこん》売《う》りの人生《じんせい》を大《おお》きく変《か》えた

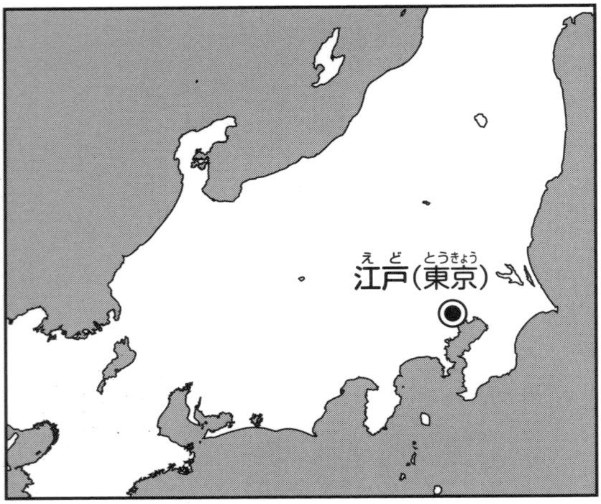

江戸《えど》の大根売《だいこんう》り

人物紹介《じんぶつしょうかい》

江戸《えど》の大根売《だいこんう》り

ここに登場《とうじょう》する「大根売《だいこんう》り」は、歴史上《れきしじょう》の偉人《いじん》ではありません。江戸《えど》（現在《げんざい》の東京《とうきょう》）で、野菜《やさい》を売《う》ることを仕事《しごと》にしていた、一人《ひとり》の男《おとこ》です。

しかし、この男《おとこ》は、過《あやま》ちを犯《おか》したあとの態度《たいど》がりっぱだったので、江戸時代《えどじだい》の書物《しょもつ》にも記《しる》され、多《おお》くの人《ひと》に感動《かんどう》を与《あた》えています。そういう意味《いみ》では、名《な》もなき偉人《いじん》であり、私《わたし》たちも学《まな》ぶべきことが多《おお》いと思《おも》います。

江戸《えど》には、武士《ぶし》や町人《ちょうにん》など、百万人近《ひゃくまんにんちか》い人《ひと》が暮《く》らしていたといわれます。ロンドンやパリよりも人口《じんこう》が多《おお》かったのです。江戸《えど》は、当時《とうじ》、世界《せかい》で最《もっと》もにぎやかで、住《す》みやすい都市《とし》だったようです。

天秤棒《てんびんぼう》の両端《りょうたん》に、大根《だいこん》をつり下《さ》げて、武士《ぶし》や、商人《しょうにん》、町人《ちょうにん》が住《す》んでいる江戸《えど》の町《まち》を歩《ある》き回《まわ》って販売《はんばい》していた男《おとこ》の物語《ものがたり》です。

大根《だいこん》、大根《だいこん》はいらんかね～
声《こえ》をからして、江戸《えど》の町《まち》を売《う》り歩《ある》く男《おとこ》がいました
ああ、今日《きょう》はどうしたことか……

もう昼《ひる》を過《す》ぎたというのに、朝《あさ》から一本《いっぽん》も売《う》れねえ
大根《だいこん》が売《う》れなかったら、米《こめ》を買《か》うお金《かね》がない……
困《こま》ったな……女房《にょうぼう》は、また怒《おこ》るだろうな
あんた!
腹減《はらへ》ったよ～
ええい!
大根《だいこん》、大根《だいこん》!!
おい、大根屋《だいこんや》
へえ!
こっちじゃ。門《もん》から入《はい》れ

*文《もん》……当時《とうじ》のお金《かね》の単位《たんい》。

そうか。では、よそう
手間《てま》をかけたな。帰《かえ》ってくれ
あっ
ピシャッ
お武家様《ぶけさま》、お待《ま》ちください。今朝《けさ》から江戸中《えどじゅう》を歩《ある》いているのに、まだ一本《いっぽん》も売《う》れないのです
この大根《だいこん》が売《う》れなかったら、家族五人《かぞくごにん》、食《た》べていけないのです
どうか、お願《ねが》いいたします!
……

だめか……
ん？
タライだ
しかも、高価《こうか》な金属《きんぞく》のタライじゃないか
これを売《う》ったら、米《こめ》が買《か》えるなあ……
ドクン
ドクン
ドクン
ドクン
ドクン

ササッ
ビクッ
これ、大根屋《だいこんや》
その大根《だいこん》を、皆《みな》、買《か》ってやろう
ここへ並《なら》べなさい
えっ！それは……

カゴから大根《だいこん》を出《だ》せば、盗《ぬす》んだタライが見《み》つかってしまう
ドクン
ドクン
タライを元《もと》へ戻《もど》すこともできない……
ドクン
大根《だいこん》を売《う》らないとも言《い》えない……
ドクン
ドクン
きさま、何《なに》を慌《あわ》てている！
まず盗《ぬす》んだタライを出《だ》して、大根《だいこん》を数《かぞ》えるんだ！
あっ……
よくも盗《ぬす》みをしおったな
成敗《せいばい》してくれる

ど、ど、どうか
お許《ゆる》しください！
貧《まず》しさのあまり、ほんの出来心《できごころ》で盗《ぬす》んでしまいました
私《わたし》がここで死《し》ぬと、三人《さんにん》の幼《おさな》い子《こ》も生《い》きてはいけません……
命《いのち》だけは、どうか命《いのち》だけは、お助《たす》けください
いや、詫《わ》びなくてもよい
大根《だいこん》を数《かぞ》えてみよ、と言《い》っているのだ

へ、へえ……
カゴから大根《だいこん》を出《だ》して並《なら》べると、全部《ぜんぶ》で二十三本《にじゅうさんぼん》ありました
おまえが最初《さいしょ》に言《い》った値段《ねだん》で買《か》おう
それに、このタライもつけてやる
……？
いくら貧《まず》しいとはいえ、人《ひと》の物《もの》を盗《ぬす》むとは、おまえの心《こころ》は、よほど汚《よご》れているらしい

タライは手足《てあし》を洗《あら》う道具《どうぐ》だ。しかし、使《つか》い方《かた》によっては、心《こころ》を洗《あら》うこともできるだろう
このタライをやるから、心《こころ》の汚《よご》れを洗《あら》い落《お》とせ
ピシャ
ガタ
あんた、お帰《かえ》り
大根《だいこん》、売《う》れたのかい……

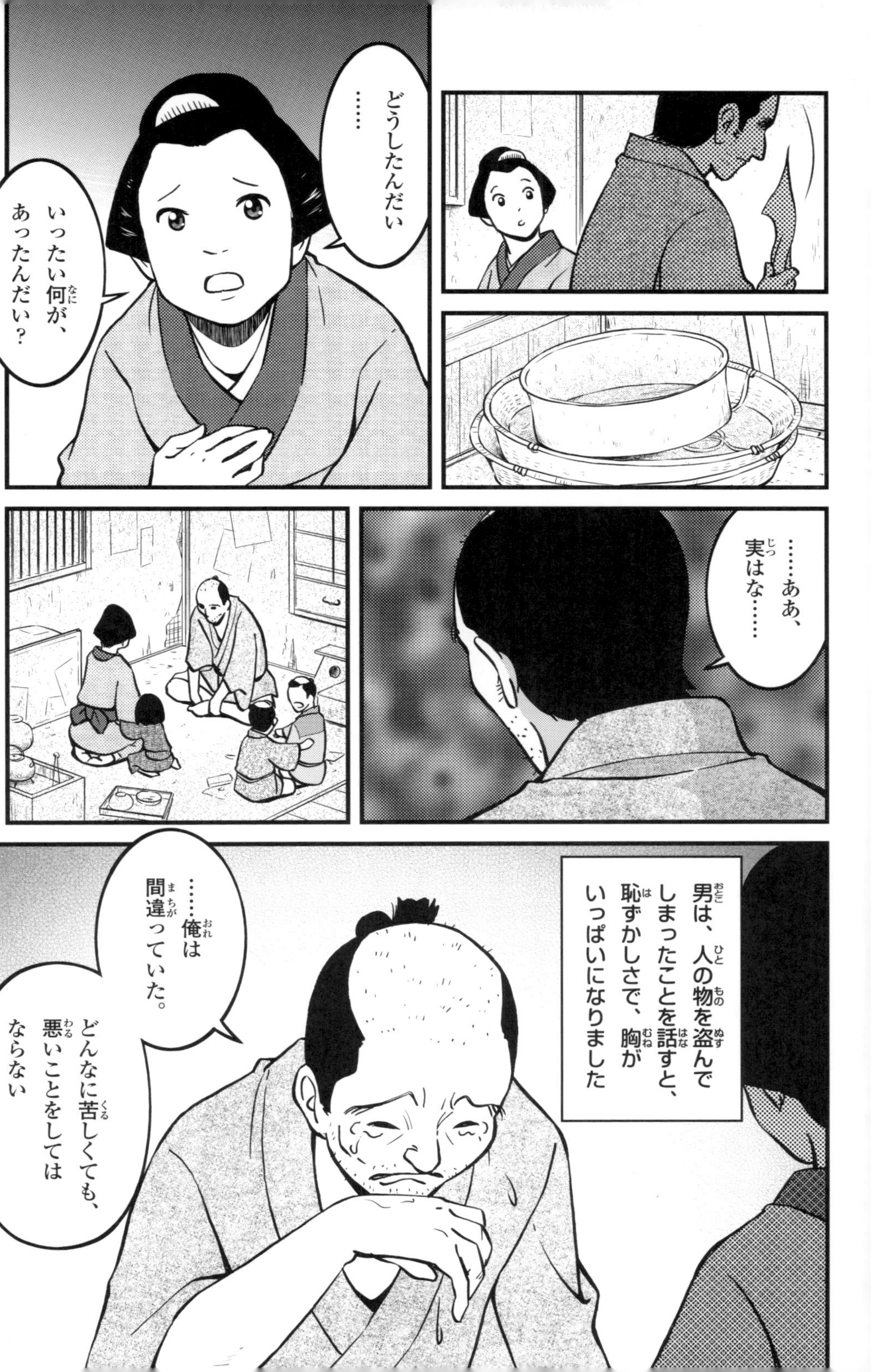
どうしたんだい……
いったい何《なに》が、あったんだい？
……ああ、実《じつ》はな……
男《おとこ》は、人《ひと》の物《もの》を盗《ぬす》んでしまったことを話《はな》すと、恥《は》ずかしさで、胸《むね》がいっぱいになりました
……俺《おれ》は間違《まちが》っていた。
どんなに苦《くる》しくても、悪《わる》いことをしてはならない

あんた……
男《おとこ》は、心《こころ》から反省《はんせい》し、生《う》まれ変《か》わる決意《けつい》をしました
くじけそうになると、タライを見《み》て、武士《ぶし》の言葉《ことば》を思《おも》い出《だ》し、がんばりました
その努力《どりょく》が実《みの》って、三年《さんねん》めに、りっぱな八百屋《やおや》を開《ひら》くことができたのです
うれしさのあまり、男《おとこ》は、タライを与《あた》えてくれた武士《ぶし》に報告《ほうこく》に行《い》きました

もし、あの時《とき》、お叱《しか》りを受《う》けなかったら、私《わたし》は盗《ぬす》みを繰《く》り返《かえ》すようになり、破滅《はめつ》していたでしょう
このタライが、私《わたし》を救《すく》ってくれました
よくがんばったな。つらいことも、多《おお》かっただろう
自分《じぶん》に間違《まちが》いはないと思《おも》っている人《ひと》よりも、自分《じぶん》の間違《まちが》いに気《き》づき、直《ただ》ちに改《あらた》める人《ひと》のほうが偉《えら》いのだよ

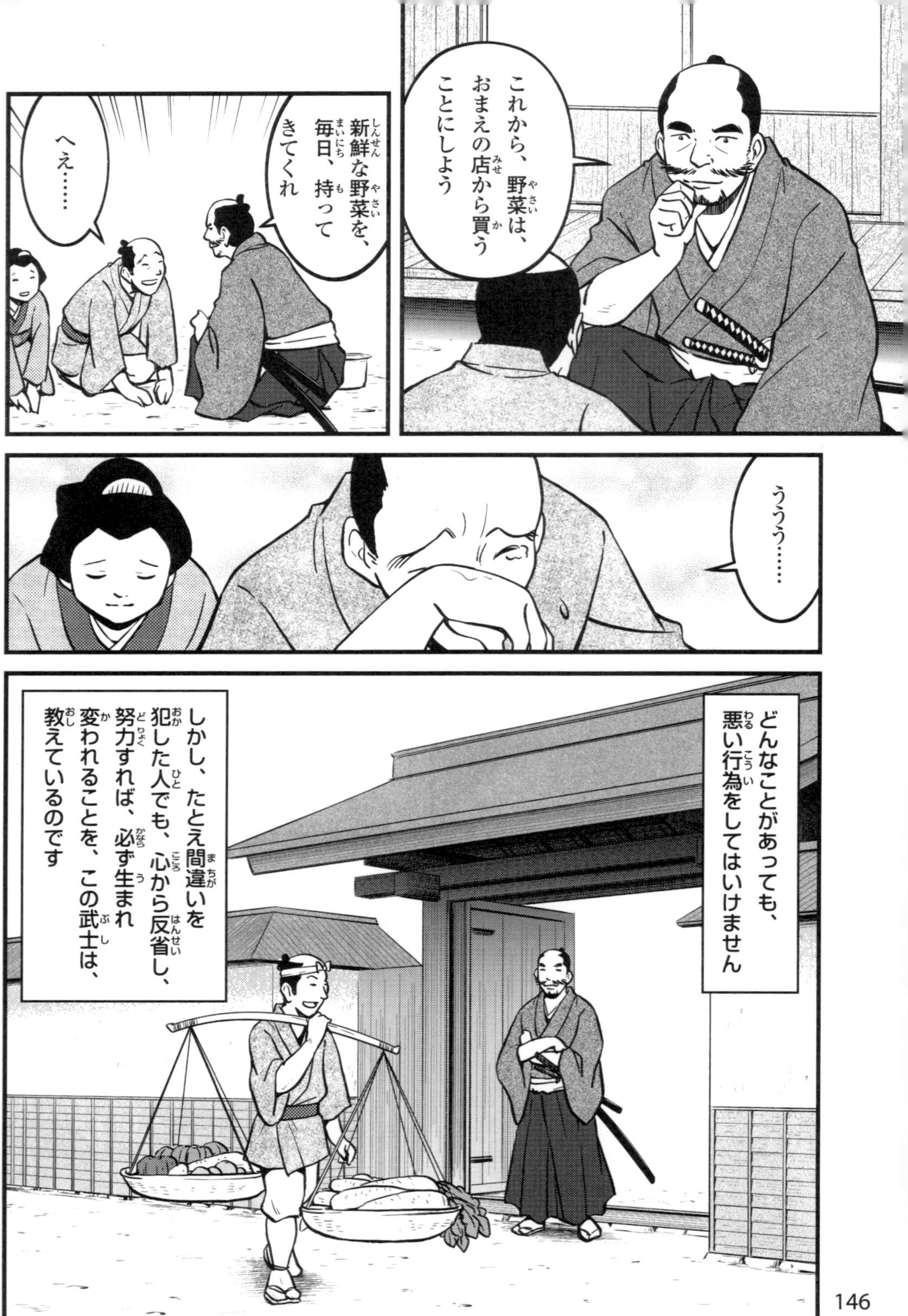
これから、野菜《やさい》は、おまえの店《みせ》から買《か》うことにしよう
新鮮《しんせん》な野菜《やさい》を、毎日《まいにち》、持《も》ってきてくれ
へえ……
ううう……
どんなことがあっても、悪《わる》い行為《こうい》をしてはいけません
しかし、たとえ間違《まちが》いを犯《おか》した人《ひと》でも、心《こころ》から反省《はんせい》し、努力《どりょく》すれば、必《かなら》ず生《う》まれ変《か》われることを、この武士《ぶし》は、教《おし》えているのです

原作

新装版『こころの道』

新装版『こころの朝』

新装版『思いやりのこころ』

『まっすぐな生き方』

この歴史マンガは、木村耕一編著の、上記の書籍に掲載されているエピソードを原作として描いたものです。

〈参考文献〉

【1】ベーブ・ルース
日本テレビ(編)『心やさしき勝利者たち』(知ってるつもり?!⑩)、日本テレビ放送網、1993年
ベーブ・ルース(著)宮川毅(訳)『ベーブ・ルース自伝』ベースボール・マガジン社、1973年

【2】豊臣秀吉
井口丑二『豊臣秀吉言行録』内外出版協会、1910年
岡谷繁実『名将言行録』岩波文庫、1943年
小瀬甫庵(著)吉田豊(訳)『太閤記』1(原本現代訳)、教育社新書、1979年

【3】徳川秀忠
岡谷繁実『名将言行録』岩波文庫、1943年
童門冬二『名将に学ぶ人間学』(新装版)、三笠書房、2001年

【4】富山のくすり屋さん
遠藤和子『富山の薬売り』サイマル出版会、1993年
鎌田元一(監修)田辺勝(文)『イラストでつづる富山売薬の歴史』薬日新聞社、1986年
北日本新聞社(編)『先用後利　富山家庭薬の再発見』北日本新聞社出版部、1979年

【5】エイブラハム・リンカーン
花岡大学『三分間人生講話』同朋舎出版、1980年
『古今逸話特選集』(修養全集8・復刻版)、講談社、1976年

【6】諸葛孔明
吉川英治『三国志』講談社、1989年

【7】上杉謙信
奥野高広『武田信玄』(人物叢書新装版)、吉川弘文館、1985年
湯浅常山(著)中村孝也(校訂)『常山紀談』博文館、1929年

【8】ヘンリー・フォード
ヘンリー・フォード(著)豊土栄(訳)『ヘンリー・フォードの軌跡』創英社、2000年
前原久夫『ヘンリー・フォード』修文社、1928年

【9】韓信
池田理代子『歴史の影の男たち』小学館、1996年
水沢利忠『史記』10(新釈漢文大系90)、明治書院、1996年

【10】江戸の大根売り
柴田鳩翁(著)柴田実(校訂)『鳩翁道話』(東洋文庫154)、平凡社、1970年

まんが：太田 寿（おおた ひさし）

昭和45年、島根県生まれ。
名古屋大学理学部分子生物学科卒業。
代々木アニメーション学院卒業。映像制作の仕事を経て、
現在イラスト・マンガを手がける。
日本の戦国時代を中心とした歴史の話題を好み、
城跡を愛する二児の父親。
月刊誌などに連載マンガ多数。
歴史マンガは、英語、ポルトガル語にも翻訳されている。

原作・監修：木村 耕一（きむら こういち）

昭和34年、富山県生まれ。
富山大学人文学部中退。
東京都在住。エッセイスト。
著書　新装版『親のこころ』、『親のこころ２』、『親のこころ３』
　　　新装版『こころの道』、新装版『こころの朝』
　　　新装版『思いやりのこころ』、『まっすぐな生き方』

マンガ　歴史人物に学ぶ
大人になるまでに身につけたい大切な心１

平成28年(2016)　３月３日　第１刷発行
平成28年(2016)　６月17日　第２刷発行

まんが　太田 寿
原作・監修　木村 耕一
発行所　株式会社 １万年堂出版
〒101-0052　東京都千代田区神田小川町2-4-5F
電話　03-3518-2126　FAX　03-3518-2127
http://www.10000nen.com/
公式メールマガジン「大切な忘れ物を届けに来ました★１万年堂通信」
上記URLから登録受付中

装幀・デザイン　遠藤 和美
印刷所　凸版印刷株式会社

 ISBN978-4-925253-93-2　C8037